LOCUS

LOCUS

LOCUS

from 66 動機，單純的力量
Drive

作者：Daniel H. Pink
譯者：席玉蘋
責任編輯：湯皓全
校對：呂佳眞
美術編輯：蔡怡欣
法律顧問：董安丹律師、顧慕堯律師
出版者：大塊文化出版股份有限公司
台北市105022南京東路四段25號11樓
www.locuspublishing.com
讀者服務專線：0800-006689
TEL：(02) 87123898　FAX：(02) 87123897
郵撥帳號：18955675　　戶名：大塊文化出版股份有限公司
版權所有　翻印必究

總經銷：大和書報圖書股份有限公司
地址：新北市新莊區五工五路2號
TEL：(02) 89902588 (代表號)　　FAX：(02) 22901658
排版：天翼電腦排版印刷有限公司
製版：瑞豐實業股份有限公司
初版一刷：2010年8月
初版六刷：2023年4月
定價：新台幣 280元
Printed in Taiwan

Drive

動機，單純的力量

Daniel H. Pink 著

席玉蘋 譯

Contents
目次

第I部 新的作業系統

1. 激勵2.0的崛起與式微

「然而,在本世紀的最初十年間,大家就已發現,這個老舊又耐操的作業系統根本沒有效用可言。在這段商業、科技以及社會進步疲弱得令人心驚的時期,它每每突然當機——次數頻繁,而且令人措手不及。大家不得不繞過它的缺失,另謀他途設法解決。最重要的是,它和現代企業的許多層面變得扞格不入。」

2. 胡蘿蔔和棍子(經常)失效的七個原因

「換句話說,獎賞像是一種詭異的行為煉金術:能把有趣的差事化為苦工,讓玩耍變成工作。」

2A 附篇:胡蘿蔔和棍子奏效的特殊情境

「雖然這個以獎懲為核心的作業系統壽命已超過有效期限而亟需升級,但這並不表示我們必須把它的每一吋都當廢鐵看待。」

3. I型行為與X型行為

「一幅畫可能勝過千言萬語,不過,有時候力量還不及兩個字母。」

第II部　三大要素

4. 自主

「或許，該是把『管理』這個辭彙拋掉，讓它和『冷藏庫』、『無馬馬車』這些已經積灰的語言一起塵封起來的時候了。這個時代需要的並不是更好的管理。它需要的是一場自主精神的文藝復興。」

5. 專精

「無論在職場辦公室或學校課堂，我們卻是順從太多，投入太少。順從或許可以讓你熬過白晝，但唯有投入才能讓你走過漫漫長夜。」

6. 目的

「追求目的，是人類的本性。而今，這個本性以前所未見的規模、以不久之前還無法想像的眾多人數被揭櫫出來並顯現於世。這樣的結果或能讓我們的企業恢復青春活力，讓這個世界得以重生。」

第III部　I型工具箱

無論你是在尋找更好的組織經營模式、探索事業生涯、幫助你的小孩成長，在這裡都可找到適合的法門、最佳工具或一本推薦書。若是需要對這本書做個快速總覽、搜尋某個辭彙，本工具箱也一應俱全。

引言

上一世紀的中葉，兩位青年科學家做了一些理當改變世界的實驗——但是，這樣的改變並沒有發生。

一九四〇年代，威斯康辛大學心理學教授哈利‧哈洛（Harry F. Harlow）成立了世上最早的先驅實驗室之一，專事研究靈長類動物的行為。一九四九年某一天，哈洛和兩位同事找來八隻恆河猴，打算進行一個為期兩週、探討學習行為的實驗。為測試猴子的智力，這幾位學者設計了一個簡單的機械，如下頁圖示。破解之道涉及三個步驟：拿開直立的細棍，鬆開鉤子，最後把那條有繫鍊的蓋子掀起來。對你我來說，這是輕而易舉，對十三磅重的實驗室

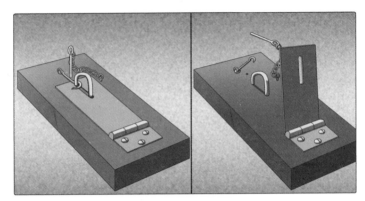

哈洛測試猴群智力的題目（左圖）和解答（右圖）。

猴子卻是不小的挑戰。

　　研究學者將這些器具放進猴籠，一面觀察猴群的反應，一面準備其他題目，打算在兩週後，測試猴子解決問題的能力。可是，東西才放進去，奇怪的事就發生了。在既無外界誘因，學者也未催促之下，猴群開始專心一意、鍥而不捨地玩將起來，而且看似樂在其中。不多時，牠們已經想出破解之道。實驗到第十三、十四天，哈洛用其他謎題去測試猴子，這些靈長類動物已是駕輕就熟。牠們不但常常解得出來，而且費時極短──大約有三分之二的題目都在一分鐘內便告破解。

　　這是有點奇怪。之前沒人教過這些猴子如何拿開細棍、鬆開鉤子、掀起蓋子。而當牠們解題成功，也沒人賞以食物、關愛，連默默鼓掌都沒有。當時對於靈長類──

8

包括腦部較大、毛髮較少、名爲人類的動物——的行爲有一套公認的觀念，而這個實驗結果與之完全背道而馳。

當時的科學家已知，行爲的驅力主要有兩種。第一，是生理上的驅力。人類和其他動物，吃東西是爲了解饑，喝水是爲止渴，性交是爲滿足性衝動。但此處並不是這麼回事。「解開謎題並沒有爲猴群帶來食物、水或性的滿足，」哈洛的報告寫道。[1]

而另一種爲人熟知的驅力也無法解釋這群猴子的怪異行爲。如果說生理驅力發自內在，第二種驅力便是來自外在——環境針對某些行爲表現而給予的獎勵或懲罰。證諸人類，此說誠然不假；人類對這樣的外力反應確實敏銳。老闆答應我們加薪，我們工作就格外賣力；用功可望拿到好分數，我們就花更多時間讀書。老闆說遲到或填錯表格要扣薪水，我們會乖乖準時上班、每個空格都認眞填寫。然而，這種驅力也無法解釋這群猴子的行爲。一如哈洛所寫（你或可想像他搔首苦思的模樣），「本實驗觀察到的行爲，爲激勵理論打下了幾個耐人尋味的問號，因爲猴群在特殊或外在誘因闕如之下，便獲致了長足的學習能力，解題表現始終非常出色。」

還可能是其他什麼原因嗎？

爲了回答這個問題，哈洛提出一個新理論——無異於一種**第三**驅力：「工作的績效表現，」他寫道。「可以帶

來內在的報償。」猴子願意解謎，純粹是因為解開謎題的滿足感。牠們樂在其中。工作的樂趣本身就是回報。

如果這個觀念算是激進，接下來的發展導致的疑惑與爭議毋寧更多。這個哈洛後來名之為「內在激勵」的新驅力或許是真實的，但它勢必是次於其他兩種驅力之下。換句話說，如果猴子解開謎題就能得到獎賞——葡萄乾！——，毫無疑問，牠們的表現會更出色。然而，當哈洛賞以獎勵，猴子不但犯錯**增加**，就連解題次數也**減少**了。「以食物介入本實驗，」哈洛寫道，「對猴群表現反而形成干擾，此現象於文獻中前所未見。」

這下事情**真的**變得非常奇怪。以科學語言來說，這就好比你將一顆鐵球滾下一個斜面好測試它的速率，卻眼看著鐵球浮到了半空中。它的弦外之音是：我們對行為引力方面的理解並不夠——被我們視為無法撼動的鐵律其實有許多漏洞。哈洛強調，猴子的這股驅力「強烈而堅韌」，非要把題目解出來才肯罷休。

這股驅力似乎和〔其他〕驅力一樣基本，也一樣強烈。除此之外，我們有理由相信，〔它〕在促進學習方面也同樣功效卓著。[2]

然而，當時的科學思維被盛行的雙驅力說緊抓不放，

哈洛因此發出警語。他呼籲科學界「關閉理論垃圾場的幾個大區塊」,為人類行為提出更新也更正確的解釋。[3]他警告,我們對人類行為的闡釋並不完備。他指出,要真正理解人類情境,我們必須將第三驅力納入考量。

之後,他就像是把整件事情拋到了九霄雲外。

哈洛既未起而對抗既有機制,也沒提出更完備的激勵理論。他放棄了這一條頗有爭議的研究支脈,爾後以情感的科學研究著稱於世。[4]他關於第三驅力的概念在心理學文獻中時有回響,但就行為科學以及人類對自身的理解而言,始終盤旋在邊陲地帶。直到二十年後,另一位科學家才拾起了這根哈洛挑釁似地留在威斯康辛大學實驗桌上的線頭。

一九六九年夏,卡內基美隆大學心理系研究生愛德華‧戴西(Edward Deci)在找論文題目。已從賓州大學華頓商學院拿到管理碩士學位的戴西對激勵理論深感興趣,但他認為不管是學術界或企業界,對它都存有誤解。因此,他從哈洛的劇本裡撕下一頁,也藉著解謎遊戲開始鑽研這個主題。

戴西選的是派克兄弟玩具公司(Parker Brothers Inc.)推出的索瑪立方塊。當時這種遊戲甚是流行,拜 YouTube 之賜,迄今猶有一群死忠的迷哥迷姐。這組遊戲共有七套塑膠方塊,其中六套各由四個一吋見方的方塊組成,第七

套則是三個（見下圖）。玩家可將這七套方塊拼嵌成各種不同圖樣，從抽象形狀到一眼即識的物體，可能性不下數百萬。

索瑪立方塊共有七套塑膠方塊（左圖），可拼嵌成不下數百萬種圖樣。

為了研究，戴西將參與實驗的男女大學生分成實驗組（下稱 A 組）和對照組（下稱 B 組）。每位受試者每天都必須參加為時一個鐘頭的拼嵌遊戲，如是連續三天，共三回合。

研究進行過程如下：每個學生進入一個房間，在桌旁坐定。桌上放有一套索瑪立方塊、三張拼好的方塊組合圖樣，外加幾本雜誌，如《時代》、《紐約客》和《花花公子》（嘿，這可是一九六九年）。戴西坐在他們對面，解釋規則並用馬錶計時。

第一天，兩組參與者都得利用桌上的索瑪立方塊，依照眼前三張拼好的方塊圖樣組合成形。第二天，受試者依然照圖拼嵌，只是圖樣不同——唯一的差別是，戴西告訴

A組學生，每成功拼出一圖即可拿到一美元（相當於今天的六美元）賞金。至於 B 組，同樣是拼嵌新圖樣，但無賞金可拿。第三天，也就是最後一天，兩組人馬都拿到必須複製的新圖樣，但跟第一天一樣，沒有任何金錢報酬（見下表）。

兩組所受待遇

	第一天	第二天	第三天
A組	無酬	有酬	無酬
B組	無酬	無酬	無酬

玄機安排在每一回合的中途。每當受試者依照圖樣拼好兩件作品，戴西就喊出暫停，說要給他們第四張圖，不過他得先把他們完成拼圖的時間輸入電腦，才能挑出適當的圖樣來。在六〇年代末期，大家用的是那種需要一個房間才擺得下的大型主機電腦——桌上型個人電腦還要十年才會問世。這表示他必須離開原來房間一段時間。

戴西邊往外走邊說：「我幾分鐘就回來。我不在的時候，各位想做什麼就做什麼。」但他並沒有真的跑去把數字輸入古董電腦，而是走到與實驗室相鄰的一個房間。這個房間有一扇只能單面看透的窗，整整八分鐘，他就靠這扇窗觀察這些被單獨留下的學生在做什麼。他們是繼續玩弄方塊，試圖拼出第三張圖樣呢，還是做其他的事——翻

閱雜誌、仔細欣賞跨頁美女圖、對著空氣發呆，或是乘機補個小眠？

第一回合，不令人意外地，A 組 B 組並無多大差別。在長達八分鐘被暗中觀察的自由時間內，兩組人馬都是繼續玩拼圖，平均也都玩了三分半到四分鐘之久，表示他們至少對這個拼嵌遊戲感到興趣。

第二回合，也就是 A 組完成拼圖可以拿錢、B 組維持原狀的第二天，無酬可拿的那組做的事多半跟昨天的自由時間一樣。但有賞金可拿的那組，對索瑪方塊突然變得**興致勃勃**。平均來說，或許是希望在第三個挑戰圖樣上先馳得點，或是等戴西回來後增加贏面賺個啤酒錢，A 組花了五分鐘多的時間玩弄方塊。這挺符合直覺的，對吧？這跟我們篤信的激勵理論——給我獎賞，我就會更努力——不謀而合。

然而，第三天的情形卻證實了戴西一開始對激勵運作機制的狐疑——對現代生活奉為圭臬的前提也不啻是溫和的質疑。這一回合，戴西告訴 A 組，由於經費只夠支付一天的賞金，所以第三天他們不會得到任何酬賞。接著實驗照樣進行——拼好兩組作品後，戴西就打斷離開。

在接下來八分鐘的自由時間內，不曾得到酬賞的 B 組比前兩天花更多時間在解題。這可能是因為他們變得更投入，也可能只是統計上的差異。反觀前一日拿到賞金的

A組，反應卻大不相同。他們推敲拼圖的時間大幅**減低**了
──不但比拿到賞金當日的解題時間減少約莫兩分鐘，比
起初次接觸拼圖而且顯然解題解得很快樂的第一天，也足
足少了一分鐘。

戴西的實驗和二十年前哈洛的實驗結果相呼應，他指
出人類激勵的運作法則似乎與大部分科學家及大眾的信念
相違背。從辦公室到遊樂場，我們知道人會受什麼樣的力
量驅策前進──獎賞，尤其是沒有溫度、實實在在的鈔票
──，它能夠激發興趣，強化績效。但戴西的發現正好相
反，而他不久又做的兩個實驗，也確認了這個結論。「如
果拿金錢當作獎賞去鼓勵某種行為，行為者會失卻那股內
發的興趣，」他寫道。[5] 獎賞的短期效果或許驚人，就像
咖啡因可以讓你奮發個幾小時一樣，但效果會漸漸消散。
更嚴重的是，獎賞可能降低一個人長期抗戰的動力，讓工
作難以為繼。

戴西指出，人類天生就有「追求新奇與挑戰、延伸並
鍛鍊自己能力、主動探索與學習的內在傾向」。但是，這
股第三驅力比其他兩個驅力來得脆弱，它需要適當的環境
才能存活。「不管是兒童、員工或學生，如果你有意激發
或強化他們內發的進取心，就不該把重點放在金錢報酬這
類外在誘因的制度上，」他在後續一篇論文中如是寫道。[6]
戴西就這樣開啟了他畢生追求的志業──重新思考人類行

為的動機。這個志業不但讓他與心理學界的同業產生扞格、被任教的商學院開除，也對現行組織習以為常的假設前提造成了挑戰。

「當時確實有爭議，」四十年後的一個春日早晨，做完索瑪立方塊實驗的戴西對我說。「沒有人想到獎賞也可能有負作用。」

這是一本談激勵的書。我會告訴各位，在這個命題上，許多我們深信不疑的想法其實並不真確──哈洛和戴西數十年前的發現毋寧更接近事實。問題是，大部分的企業對於人類的激勵力量尚未取得新的認識。太多組織──不只是商場企業，政府機構和非營利單位亦然──依舊靠著一些未經檢視、已然過時的前提假設在運作，而這些關於人類潛能和表現的前提假設，與其說是以科學為根據，不如說更像民間傳說。即使面對越來越多的證據，顯示短期獎勵和依據績效計酬的薪資制度往往效果不彰，甚至弊多於利，大家依舊墨守舊規，照用不誤。更糟的是，這些作法已滲進校園；對於這些未來的勞動人口，我們每每用iPod、獎金、披薩折價券去「激勵」他們學習。有些東西已經走偏了。

好消息是，解決方法就矗立在我們眼前。繼哈洛和戴西的先鋒研究之後，一群行為科學界的學者默默延續他們

的努力，在過去的五十年間孜孜探究人類內在的激勵，爲我們帶來更令人振奮的觀點。科學知識和企業之間的不對稱存在已久，本書的目的即是填補這條裂縫。

本書分三個部分。第一部對當前的獎懲制度進行檢視，找出漏洞之餘，也提出關於激勵的新思維。我會在第一章闡釋，現行的激勵觀點何以與現代商業環境及生活的許多層面漸行漸遠、不再相容，第二章列舉七大理由，說明紅蘿蔔和棍子這類外在獎懲爲何難以達成預期效果，有時更適得其反（紅蘿蔔和棍子在某些特殊情境下確能奏效，第二章後的幾頁簡短補充〔第二章附篇〕，會對此做出說明）。第三章，我要介紹大家認識一種建立在眞確的人類激勵論述之上、以第三驅力——人類嚮往主導自己人生、學習新知、創造新局、靠自己讓世界更上層樓的內在需求——作爲推動燃料的新思維與企業作爲，我名之爲「I 型」行爲。

第二部分，我們要檢視「I 型」行爲的三個元素，探討組織及個人應該如何善用這些行爲以改善績效，增益心靈滿足。第四章談自主——人類渴望駕馭自己人生的內在欲望；第五章談專精——人類對自己所作所爲亟欲精益求精的衝動；第六章談目的——人類嚮往歸屬於一個超越小我、遠大格局的渴望。

第三部分是「I 型」工具箱。這是個包羅廣泛的資料

庫，你可利用其中種種資源創造情境，好讓「I型」行為發揚光大。此一部分無所不包，除了不下數十種教你如何喚醒自己和別人內在激勵因子的練習、讀書會中應該討論的問題，還有本書的精鍊要點歸納，足夠讓你在雞尾酒會上充內行。另外，本書探討的主題雖然多屬商業範疇，但我也會在這些篇幅裡提出若干思考，以期將這些觀念應用到職場之外的教育和生活領域。

不過，整裝出發之前，我們要先拿一個思想實驗作為起步。要參與這個實驗，你必須回到過去——回到那個梅傑還是英國首相、歐巴馬還是個瘦巴巴的年輕律師、要上網還得撥接、黑莓還是水果而非手機的年代。

第Ⅰ部

新的作業系統

激勵 2.0 的崛起與式微

假設現在是一九九五年。你正坐著跟一位經濟學家談話。對方是個望重士林的商學院教授，擁有經濟博士學位。你對她說：「我這裡有個水晶球，可以看到未來十五年後的情景。我想測試你的預測能力。」

她半信半疑，不過決定姑妄聽之。

「現在，我要描述兩套百科全書，一套剛出版，另一套幾年內即將問世。請你做出預測，哪一本到了二〇一〇年會比較成功？」

「放馬過來吧，」她說。

「第一套是微軟出品的。眾所周知，微軟已經是個又

大又賺錢的企業，隨著今年推出 Windows 95，它即將成為劃時代的巨人。這套百科全書將由微軟出資製作。微軟會聘請眾多專家學者和編輯針對成千上萬的主題撰寫文章，酬勞概由該企業支付；幾個待遇豐厚的專案經理人負責監督，好讓這套百科全書在不超過預算之下準時完成。微軟打算先將這套書製成光碟銷售，稍後再透過網路行銷。

「第二套百科全書不是出自什麼公司組織。它是個共同創作，作者和編者數以萬計，這些人或編或寫，純粹是為了好玩。只要你喜歡，無需任何特殊資格即可加入，而不管是編是寫，沒有人會拿到半毛美金、歐元或日圓。參與者必須免費貢獻勞力——有時候每星期得花上二十到三十個小時。這套百科全書本身會以網路呈現——也是免費提供，任何人使用都不收費。

「現在，」你對那位經濟學家說，「請你想想未來十五年後。根據我的水晶球，到了二○一○年，其中一套會變成舉世最成功、最受歡迎的百科全書，另一套則已灰飛煙滅。請問成敗各是哪一套？」

在一九九五年，我想你找遍全世界也不會找到一個腦袋清醒卻不勾選微軟成功的經濟學家。第一套模式鐵定勝券在握，任何其他結論都會被人訕笑，因為這跟所有經濟學家教給學生的商業法則幾乎完全相左。這就好比你問一

個動物學家，印度豹和你小舅子比賽兩百米短跑哪個會贏一樣。比都沒得比。

當然，那幫雜牌志願軍也可能創出一番成績來。可是，要說他們的產品可以跟一家勢力龐大、利潤取向的公司相提並論，那是癡人說夢。誘因完全不對嘛。微軟閉著眼睛也能坐享這套產品的果實，因為另一套百科全書的參與者從一開始就知道，就算這套書成功，他們也賺不到任何好處。最重要的是，微軟的寫者、編者和管理者都是拿錢做事，另一套的貢獻人則不是。事實上，每當他們免費工作，付出的勞力不僅沒有報酬，說不定還得**自掏腰包**。這個問題用膝蓋想也知道。我們那位經濟學家絕不會考慮用這個題目來考她的企管碩士班學生。太簡單了。

不過，你已經知道後來情況是怎樣了。

二〇〇九年十月三十一日，在這套名為 *MSN Encarta* 的光碟及線上百科全書上市十六年之後，微軟拔掉了它的插頭。反觀維基百科全書——第二套模式——卻成了全球規模最大、最受歡迎的百科全書。從它踏出第一步，短短八年間，維基便收集到以兩百六十種語言寫就的一千三百多萬篇文章，光是英文就有三百萬篇。[1]

這是怎麼回事？傳統的人類激勵理論很難解釋這個結果。

胡蘿蔔和棍子的勝利

電腦——不管是戴西實驗中用到的體積龐大的主機電腦、我現在把這行字輸寫進去的 iMac，或是在你口袋裡響個不停的手機——都有作業系統。在你觸摸的硬體表面和操作的程式下，有一整套包含諸多指令、規則和假設的複雜軟體，有了它，所有功能才能運作順暢。大部分的人不太會想到作業系統。我們只有在它開始出問題的時候——你塞給硬體和軟體的東西過大或過於複雜，超出了目前作業系統的負荷——，才會注意到它的存在。這時候，我們的電腦開始出槌，我們開始抱怨。於是，有著聰明腦袋、無時無刻不在推敲各種程式的軟體開發商也開始正襟危坐，寫出基本上更好的程式來——升級版是也。

社會也有作業系統。我們每天接觸到的法律內容、社會習俗和經濟活動，也是端坐在一整套指令、規則和假設之上，規範著這個世界如何運作。而這套社會作業系統的組成元素，主要是一套關於人類行為的假設推論。

在人類的早期——我指的是**遠古**年代，就說五萬年前吧——，關於人類行為的基本假設既簡單又真實。我們努力是為了求生。種種行為，舉凡在一望無際的大草原裡漫步覓食、看到獠牙利齒的老虎趨近時拚命爬樹，大抵都是受這個本能的驅使。我們姑且把這個版本的作業系統稱為激勵 1.0。激勵 1.0 談不上優雅，跟恆河猴、黑猩猩或其

他許多動物的作業系統也殊無不同，可是對我們非常適用。該說好用得很——直到後來變得不好用為止。

隨著人類建立起更複雜的社會，為了把事做好，我們必須和陌生人打交道、談合作，純粹以生理驅力作為基石的作業系統開始左支右絀。事實上，有時我們還得克制這樣的驅力，以免我偷了你的晚餐或你搶了我的伴侶。如此，在這場了不起的文化構築工程中，我們慢慢用一種更相容於人類工作與生活方式的版本取代了這個原始版本。

這個新的改良版作業系統，是以一個經過修訂、更為正確的假設作為核心：人類不僅是諸多生理衝動的總和而已。第一驅力依然舉足輕重，這點殆無疑問，但它無法完整解釋人類的本質。我們還有第二種驅力——大體說來，即是對酬賞趨之若鶩、對懲罰敬而遠之的本性。從這個洞察出發，新的作業系統——稱為激勵 2.0——於焉崛起（當然，其他動物對於獎懲也有反應，但只有人類能夠運用這股驅力做出林林總總的開發，從契約法到便利商店比比皆是）。

就全世界的經濟發展來說，對第二驅力的駕馭自如堪稱必要，尤其在過去的兩百年間。以工業革命為例。科技的發展——蒸汽機、鐵路、電力的普及——在促進工業成長方面厥功甚偉。但一些不屬於實體的創新發明也同樣功不可沒，尤其是美國工程師弗德瑞克·溫斯洛·泰勒

（Frederick Winslow Taylor）的創見。一九〇〇年代初期，泰勒認為企業經營散漫而無效率，發明了一種他稱作「科學化管理」的方法。他的發明算是某種形式的「軟體」，專為激勵 2.0 版的作業系統平台而設計。這套系統很快就受到廣泛運用。

這套方法所持的論點是：工人，就像一部複雜機器裡的小零件。他們只要在正確的時間以正確的方法做正確的事，機器就能運轉順暢。而要確保這部機器運轉順暢，你只要對你鼓勵的行為給予獎賞，對你不鼓勵的行為施以懲罰即可。人會秉持理性對這些外力——外在誘因——做出回應，如此，人和系統雙雙受惠，共生共榮。我們常說，煤礦和石油是經濟發展的動力，然而就某種意義而言，胡蘿蔔和棍子也是這部商業引擎的燃料，而且重要性不遑多讓。

激勵 2.0 版的作業系統風光了很長一段時間。沒錯，它已經深深扎根在我們的生活裡，所以大部分的人渾然不覺它的存在。就我們記憶所及，不管是企業組織或是日常生活，無一不是以它的基本假設作為構築的基石：要增進績效、提升生產力、鼓勵卓越，唯一的法門就是獎賞好的行為、懲罰不好的行為。

雖然更為精細、鵠志也更宏大，但激勵 2.0 依舊沒有讓人變得高尚。歸根結柢，它還是暗示人類跟驢沒有太大

不同——只要在前頭懸吊一根更爽脆的胡蘿蔔或揮舞著一條打在身上更痛的皮鞭，便能驅使我們朝著正確方向行進。不過，這個作業系統雖然欠缺啓發，但它以效能彌補了這個缺憾。這個系統運作得很好。非常之好——直到後來變得不好用爲止。

隨著二十世紀的進步，經濟體變得越來越複雜，經濟體制裡的人勢必得採用一些更新、更精細的技巧，激勵 2.0 這才遭遇到一些抗力。一九五〇年代，哈利·哈洛於威斯康辛大學任教時的學生亞伯拉罕·馬斯洛（Abraham Maslow）開創了人本主義心理學，對人類行爲與老鼠無異、趨於正向刺激、避免負向刺激的傳統觀念提出質疑。一九六〇年，麻省理工學院管理學教授道格拉斯·麥葛瑞格（Douglas McGregor）將馬斯洛部分觀念帶入企業界。麥葛瑞格對這個假設——人類基本上懶惰成性，要是欠缺外在獎懲，我們能不動就不動——提出挑戰。他指出，人其實具有更高層次的驅力。這些驅力可以惠及企業，只要管理階層和企業領袖給予尊重。拜賜於麥葛瑞格的著作，企業界有了少許進化。穿著規範放寬了，工作時間也有了彈性，許多組織更研擬辦法，讓員工擁有更多自主性，同時協助他們成長。這樣的調整彌補了若干闕漏，但終究是小小的改良而非全面的升級版——動機 2.1。

因此，整體趨勢依然固若金湯。畢竟，激勵2.0淺顯

易懂，操作簡單，執行起來又直截了當。然而，在本世紀的最初十年間，大家就已發現，這個老舊又耐操的作業系統根本沒有效用可言。在這段商業、科技以及社會進步疲弱得令人心驚的時期，它每每突然當機——次數頻繁，而且令人措手不及。大家不得不繞過它的缺失，另謀他途設法解決。最重要的是，它和現代企業的許多層面變得扞格不入。如果我們仔細檢視這些不相容的問題，我們當會領悟，東補一塊西補一塊的陽春式改良絕不可能解決問題。我們需要一套全方位的升級版。

三大不相容的問題

激勵 2.0 某些功能依然良好，只是非常不可靠。它偶爾會有效，但失靈的情況居多。在此開發升級版之際，我們應該探究它的缺點何在，以判定哪些部分宜於保留，哪些部分丟棄。我們目前使用的這個作業系統，其缺失可概分為三類。在人類行為的**組織方式**、**思維**與**實踐**三方面，它的相容性已是遠遠不足，有時甚至是不折不扣的水火不容。

人類行為的組織方式

回到微軟和維基百科全書的大對決。就激勵2.0的假

設前提來看，這樣的結果絕無可能。維基的勝利似乎推翻了所有行為力學的定律。

如果這個全數由義工和業餘人士做成的百科全書是個單一事件，我們或可一笑置之，把它當成一種異常、脫逸於規則之外的特例看待。但它並非如此。維基代表的是二十一世紀一種萬夫莫敵的新興商業模式：開放資源。

舉個例子，打開你家的電腦。當你上網查看天氣預報或訂購運動鞋，你可能就是在用火狐（Firefox），一個資源開放、幾乎完全由世界各地的義務工作者所創建的網頁瀏覽器。貢獻勞力不拿錢，產品免費大放送？這哪有可能維持得住。誘因完全不對。然而，火狐的使用者如今已超過一億五千萬人次。

或者，隨便走進全世界哪家大公司的資訊科技部門請求參觀。這家公司電腦的伺服器很可能是靠 Linux 系統啟動。這也是一套由不領錢的程式設計大軍設計、免費讓人使用的作業軟體。在今天，每四個商用伺服器就有一個是用 Linux 啟動。接著，請哪個人為你解釋該公司的網站如何運作。在這個網站後面嗡嗡作響的可能是 Apache，一個資源開放、由廣布於全球的義務工作者創造與維繫的網頁伺服器軟體。在網頁伺服器市場上，Apache 的市佔率是五成二。換句話說，普遍依靠外在誘因來管理員工的公司組織，在運作若干最重要的系統之際，利用的似乎是一

些無需這種誘因推動的非員工所創造的東西。

　　還不止這些橫掃全球、成千上萬的軟體設計。在今天，你可以找到開放資源的烹飪食譜；開放資源的教科書；汽車設計；醫療研究；法律摘要；圖像資源；義肢；信用合作社；可樂配方——對那些光喝軟性飲料還不夠的人，還有開放資源的啤酒配方。

　　這種新的組織方式對外在獎酬並非敬謝不敏。投身開放資源行動的人並沒有發下重誓要與貧窮爲伍。在許多人看來，參與這些行動可以擦亮招牌、磨光技巧，這些都可增進他們的賺錢能力。以協助各組織執行並維護開放資源軟體應用爲宗旨的新公司紛紛創立，獲利豐厚者不乏其例。

　　不過，仔細探究起來，不只一位學者指出，開放資源對內在驅力非常仰賴，相較於舊日企業經營模式對外在誘因的依恃，程度可說是不遑多讓。麻省理工學院管理學教授凱林・拉克尼（Karim Lakhani）和波士頓顧問公司的鮑伯・伍爾夫（Bob Wolf）對六百八十四家開放資源開發商進行調查，研究它們何以會加入這樣的計畫。這些企業多半分布在北美和歐洲，參與動機不一而足，但拉克尼和伍爾夫發現，「以樂趣爲出發點的內在激勵，也就是一個人在投入某計畫時所感受到的源源創意，是最強烈也最普遍的驅動力量。」[2] 這兩位學者發現，絕大多數的程式設

計師異口同聲地說,他們時常到達一種稱為「心流」的最優挑戰狀態。無獨有偶地,三位同樣以全球開放資源計畫為題進行研究的德國經濟學家也發現,參與者加入這樣的活動,是受到「一連串絕大部分發諸內在的動機」所驅使,尤其是「面對某個軟體難題但遊刃有餘……的快樂」,以及「對程式設計領域付出一份心力的渴望」。[3] 這樣的衝動在激勵 2.0 當中就少有容身之地。

更何況,開放資源是唯一採用新的組織脈絡、以異於往常的激勵理論為基礎,重新建構自己行為的方式。我們暫且離開軟體世界,轉而看看法律界的規範。多數先進國家的法律基本上容許兩種企業組織存在:營利與非營利。一種以賺錢為宗旨,另一種以行善為目的。在第一類別裡,最顯眼的組成分子是公開上市的企業組織——所有權屬於股東,管理階層負責營運,董事會負責監督管理者。這些管理者和董事肩負的最高職責是:替股東賺取最大的利益。其他種類的企業組織,亦是以同樣的規則掌舵。舉美國為例,無論是合夥事業、普通股份有限公司(C 型公司)、小型股份有限公司(S 型公司)、有限責任公司等企業型態,無一不是以這個共同目標為依歸。就務實層面、法律層面,以及某種意義上的道德層面而言,利潤最大化即是這些組織經營者的唯一目標。

容我為這些企業型態以及深具遠見因此容許人民創造

了它們的國家，大聲地、由衷地、感激地鼓掌喝采。沒有這些企業，我們的生活不可能如此繁榮、健康、快樂。然而，在過去數年間，全球有好幾個民族改變了食譜，紛紛烹製出新的企業組織品類。

舉個例子。二〇〇八年四月，佛蒙特成為美國第一個批准「低利潤有限責任公司」（low-profit limited liability corporation）成立的州。這種新型態的企業簡稱為 L3C，也算是公司——不過不是我們通常以為的那種。根據某報告的解釋，「一如追求利潤的企業，L3C 的營運也會追求起碼的利潤，但其首要目標〔是〕為社會做出相當貢獻。」美國有另外三州也追隨了佛蒙特州的腳步。[4] 例如，在北卡羅來納州，一家 L3C 專門買進州內一些廢棄的家具工廠，以綠化科技將之改頭換面後，再以低價回租給那些坐困愁城的家具廠商。做這樣的投資當然是希望賺錢，但其真正目的在於協助，讓那些岌岌可危的社區起死回生。

在此同時，諾貝爾和平獎得主穆罕默德・尤努斯（Muhammad Yunus）也已開始推創他所謂的「社會企業」（social business）。這些企業同樣要籌措資金、研發產品、將商品賣到公開市場，但在在是為了服務更大的社會志業，或者一如尤努斯的形容：「以造福社會的原則取代追求最高利潤的原則。」另外，美國和丹麥的「第四部門網」（The Fourth Sector Network）也在推動「追求公益

組織」（the for-benefit organization），這是一種據稱代表新組織類型的混合型態，能在經濟上自給自足，但以某個公益目標為動力。例如，為我們帶來火狐（Fire-fox）軟體的 Mozilla，即是以「追求公益」組織自居。除此之外，三位美國創業家發明了「B 型公司」（B Corporation）——要躋身這樣的公司，企業必須修訂細則，目的是讓諸多獎勵舉措不再著眼於短期的經濟收益，轉而以長遠的價值觀和社會影響力為重。[5]

當然，不管是開放資源的製造產業或是過去無可想像的「不止是賺錢」的企業型態，迄今都還不是常態。這些企業也並不把上市公司視為垃圾敝屣。但是，它們的興起讓我們看到了未來方向的一個重點。「一場大運動正蓄勢待發，只是大家還沒有看出它是一場運動，」一名專精於「追求公益組織」的律師告訴《紐約時報》。[6] 之所以如此，一個可能的原因是：傳統企業以追求最高利潤為圭臬，這和激勵 2.0 正是天作之合，新興的事業體卻是**以實現目標作為最高準則**，與舊版的作業系統當然格格不入，在基本原則上根本就是道不同。

人類行為的思維

一九八〇年代之初，我上了我生平第一堂經濟課。授課的教授——她是個很棒的老師，舉手投足頗具明星架式

——拿著粉筆在黑板上畫下第一條等優曲線（indifference curve）之前，先做了一個重要的釐清。她向我們解釋，經濟學並不是攸關金錢的研究，而是攸關行為。日常生活中，我們時時都在評估各種行為的成本和利益，然後據以做出決定，看要採取何種行動。因此，經濟學家是研究人的實際行為而不是聽其言，因為人所做出的行為都是對自己最有利的。我們是理性的算計者，斤斤計較著自我的經濟利益。

數年後，我攻讀法律，類似的觀念二度出現。當時「法律與經濟」方興未艾，這個新竄紅的領域主張，正因為我們如此善於算計自我利益，法律和規定非但不能促進理性及公正的結果，反倒時常造成阻礙。我之所以沒在法學院滅頂，不小的原因是因為發現了這句擲地有聲的名言，並在考試的時候派上用場：「在一個完全資訊和交易成本低廉的世界裡，各個關係人會討價還價，直到得出一個能讓財富最大化的結果為止。」

約莫十年之後，一個奇怪的轉折出現，讓我開始對曾經孜孜研讀還為此負債累累的許多知識產生懷疑。二〇〇二年，諾貝爾基金會將經濟學獎項頒給了一個甚至不是經濟學家的人。基金會將此一領域的最高榮譽頒給他，主要是因為這位得主指出：人類對自我經濟利益**並不總是**理性的算計者，而各關係人也**不見得**會討價還價，直到得出一

個能讓財富最大化的結果爲止。這一年，美國心理學家丹尼爾‧卡納曼（Daniel Kahneman）以他和以色列學者阿莫斯‧特沃斯基（Amos Tversky）合作的研究，獲得諾貝爾經濟學桂冠，從而改變了世人對人類行爲的認知。這個新思維衍生了不少效應，其一是使得激勵 2.0 的多項前提受到了質疑。

卡納曼等行爲經濟學領域的專家認同我那位教授的觀點：經濟學是研究人類經濟行爲的學問。只是他們認爲，我們對**經濟面**太過強調、對**人性面**重視不足。超級理性、腦袋彷彿計算機一般的人類，並未眞的存在。他只是一個方便解說的虛構人物。

跟我玩個遊戲，我就能證明給你看。假設有人給我十塊錢，要我拿它跟你分。我可以全部都給你，也可以給你部分或一毛也不分。不管我給你多少錢，只要你接受，我們就能保有這十塊錢；如果你拒絕，你我誰也得不到半毛錢。假設我給你六塊錢，自己留下四塊錢，你會不會接受？十之八九你會。要是給你五塊錢，你也可能點頭。可是，要是我只給你兩塊錢呢？你會同意嗎？這個實驗在全世界都做過，大部分的人對於兩塊錢以下的提議都搖頭拒絕。[7] 就財富最大化的條件來說，這毫無道理：拿了我給的兩塊錢，你就多了兩塊錢在口袋，拒絕卻什麼也得不到。你的認知計算器明明知道兩塊錢大於零，可是因爲你

是人類，不管是出於公平觀念或心存報復或單純的不爽，都會蒙蔽了這份理性。

　　真實生活中，我們的行為遠比教科書呈現的複雜，也常讓我們對人類乃純粹理性動物的觀念感到迷惑。我們不會留存足夠的錢當退休老本，即使這樣做明顯符合經濟利益。我們早該從不良的投資中退場卻遲遲不抽身，因為賠錢讓我們心痛的程度，遠遠超過賺了同樣金額時的欣喜。給我們兩台電視選，我們會選其中一台，但若是加上第三個不相干的選項，我們會選另一個。換句話說，人類是不理性的。而且，這種非理性是可預期的──一本有趣又引人入勝的行為經濟學概論《誰說人是理性的》（*Predictably Irrational*）作者丹·艾瑞利（Dan Ariely）如是說。

　　就我們的目的而言，問題出在激勵 2.0 的假定：把人類視同一模一樣、追求財富最大化的機器人，一如我數十年前課堂上所學的。沒錯，提供外在誘因的基本前提就是：人類永遠會對這些誘因做出理性回應。然而，就連大部分的經濟學家也不再相信這一套了。這些誘因偶爾有效，常常無效，釀災闖禍更是時有所聞。簡單一句話，經濟學者對人類行為的新思維是激勵 2.0 難以自圓其說的。

　　更何況，如果人的所行所為有可能是出於豆腐腦袋、大開倒車的蠢理由，何以不能也是出於尋求意義、自我實現的理由呢？要是人類的非理性能夠預期──顯然如此

36

——，我們的出類拔萃何以就不能預期呢？

如果你覺得我這番話過於牽強，想想我們其他的怪異行為。我們會辭去待遇優渥的差事，去低就一份能帶給我們清晰目的感的低薪工作。我們會在週末練習黑管，雖然靠它賺錢（激勵 2.0）或找到伴侶（激勵 1.0）的希望微乎其微。我們玩拼圖和智力遊戲，雖然破解也吃不到葡萄乾或拿不到錢。

一些學者已將這些觀念納入行為經濟學，擴大了這門科學的疆土。最知名者莫過於蘇黎世大學的經濟學家布魯諾・佛萊（Bruno Frey）。和這些行為經濟學者一樣，他也主張超越「經濟人種」（Homo Oeconomicus）的觀念，認為人不只是「經濟人」——虛構不實、處處以財富最大化為念的機器人。不過他的延伸方向稍有不同；他認為大家應該走向他所稱的「成熟經濟人」的觀念。他說，這種人「具備更精密的激勵結構，由於這個意涵，所以是更『成熟』」。換句話說，雖然這個觀念和激勵 2.0 相牴觸，但要充分理解人類的經濟行為，我們非接受它不可。一如佛萊所寫，「就一切經濟行為而言，內在激勵的**重要性舉足輕重**。要說人類僅靠甚或主要是靠外在誘因才能得到激勵，委實是不可思議。」[8]

人類行為的實踐

　　如果你是個管理者，回頭瞄瞄你身後。那裡有個幽靈如影隨形。他的名字叫弗德瑞克‧溫斯洛‧泰勒──記得他吧，前文提到過？──他正在你耳邊講悄悄話。「工作的組成因素，」泰勒輕聲說道，「基本上就是簡單、不怎麼有趣的勞動。要讓人願意工作，唯一的方法就是給予恰當的誘因，並且嚴格監督。」泰勒這番話在一九○○年代初期是有幾分道理，但時至今日，放眼全球大部分地區已不再那樣真確。沒錯，對一些工作內容依然規律、缺乏挑戰、必須聽人指揮的人，此話誠然不假，然而對其他許許多多的人而言，工作已變得更複雜、更有趣、更能自己主導。這樣的工作者多得驚人，而這類工作也對激勵2.0的假設形成了直接的挑戰。

　　先從複雜性談起。行為科學學者常把職場工作或學校知識分成兩類：「演算式」（algorithmic）或「啟發式」（heuristic）。從事演算式的工作，你只要遵循一套既定指令，循著單一途徑就可獲致結論。換句話說，只要按照公式操作，事情就能解決。啟發式的工作正好相反，而正因為沒有個算式可循，你必須嘗試各種可能性，想出新的對策。當雜貨店的櫃台結帳員基本上是演算式工作；做的事大同小異，周而復始。接廣告案基本上是啟發式工作，你必須殫精竭慮，想出新點子來。

38

　　在二十世紀，大部分的工作都屬於演算式──不只是一整天只要以同樣動作轉動同一式樣的螺絲釘那樣的工作而已。就算我們從藍領換成白領，職務內容也常是千篇一律。換言之，大部分的工作，諸如會計、法律、電腦程式設計等等，都可以簡化成一份腳本、一本規格手冊、一套公式或一連串步驟，照做就可以導出正確答案。然而，在今天的北美、西歐、日本、南韓和澳洲，大部分規律性的白領工作正在消失中。這類工作已快速外移，哪裡成本低就往哪裡去。在印度、保加利亞、菲律賓這些國家，較為低薪的工作者基本上就是照章演算，得出正確答案後，當即從電腦傳送到六千哩外的某個人。

　　但是，對於只要遵循規則、偏向左腦特性的工作，工作外移只是壓力之一而已。就像牛隻和起貨機取代了簡單的勞力工作者，電腦也正在取代簡單的腦力工作者。因此，雖然外包趨勢才剛進入加速起跑階段，電腦軟體已可履行許多照表操課的專業功能，而且做得比人類更快、更好，成本更低。這表示你那位擁有會計師證照的表弟如果做的多半是規律性工作，他面對的競爭就不只是馬尼拉月薪五百美元的會計師，就連人人皆可用三十美元下載的報稅程式，也是他的競爭對手。據麥肯錫顧問公司估計，美國目前增加的工作機會只有三成是演算式的工作，啟發式的則有七成。[9] 一個關鍵原因是：規律性工作可以外包或

自動化，但涉及藝術、情感、非屬規律性的工作通常就不能這麼做。[10]

這個趨勢也為激勵領域開啓了巨大的可能性。不少學者，如哈佛商學院教授泰瑞莎·艾瑪拜爾（Teresa Amabile）就發現，以外在的獎賞和懲罰恩威並用——胡蘿蔔加棍子——對演算式的工作效果良好，對啓發式工作卻可能造成殺傷力。這樣的挑戰——解決新的難題或者為這個並不覺得有所欠缺的世界新創一些東西——很大程度要靠哈洛發現的第三驅力。艾瑪拜爾稱之為創意的內在激勵法則，其部分論述是：「內在激勵有助於創意；意在掌控的外在激勵則會戕害創意。」[11]換句話說，對於現代經濟社會依賴有加的啓發式、偏重右腦特性的工作，激勵 2.0 的中心原則反而可能造成**阻礙**。

這一方面是因為現在的工作規律性日減、越來越重創意，一方面也是因為工作越來越有趣所致。這一點也粉碎了激勵 2.0 的前提假設。深信工作的本質**並不**有趣，是這個作業系統據以建立的基石——此之所以我們必須以外在的懲罰和獎賞威脅之、利誘之。我會在第五章介紹心理學家米哈里·契克森米哈賴（Mihaly Csikszentmihalyi）出場，他有個出人意表的發現：我們在工作時出現「最優經驗」的可能性，遠高於休閒時刻。但是，如果越來越多的人認為工作本質是有趣的，位居激勵 2.0 核心的外在誘因

就變得沒那麼必要了。更嚴重的是，一如戴西四十年前的發現，在本質上有趣的工作添加外在獎賞，反而會澆熄激勵，讓表現下滑。

再一次，某些被視為磐石的觀念突然變得不再堅實。舉職業假期（Vocation Vacation）為例，這是一門奇怪的生意，參與者得掏出辛苦賺來的錢⋯⋯去做另一種工作；他們利用假期，嘗試當個業餘廚師、經營單車店鋪，或為某動物收容所運籌帷幄。種種類似行業的異軍突起顯示，工作，在過去一直被經濟學者視為「負效用」（disutility）——意思是除非得到報酬，否則我們會敬而遠之——，如今正演變為「正效用」——即使沒有實質報酬，我們也會趨之若鶩。

最後一點，由於工作被假設成讓人聞之色變，激勵 2.0 主張，員工必須受到嚴密監控才不至於偷懶摸魚。這個觀念如今也變得越來越不切合實際，在許多方面甚至不再可能。舉例來說，光是現在的美國，就有一千八百萬家沒有任何受薪員工的企業，也就是美國人口普查局（U.S. Census Bureau）所稱的「非僱主營業」（non-employer businesses）。這樣的企業沒有任何下屬，所以沒人需要管理，也不必激勵任何人。不過，因為也沒老闆，所以也沒人去管東管西、激勵他們。他們必須自己指揮自己。

那些嚴格說來並不是自己當老闆的人也一樣。在美

國，有三千三百七十萬的人一個月至少有一天，會藉著電腦在家裡遠距工作，而高達一千四百七十萬的人是天天如此。換言之，有相當比例的勞動力選擇沒有管理者虎視眈眈的工作情境，逼自己指揮自己的工作。[12] 而即使許多組織並不傾向實施這樣的政策，一般說來也變成更精簡，層級編制不再那樣疊床架屋。爲降低成本，這些企業割除了中間的肥肉，這表示管理者需要監督的員工人數變多，因此對每個人也就不會那樣緊迫釘人。

隨著組織扁平化，公司需要能夠自我激勵的人才。許多組織因此不得不變得更像，呃，維基百科全書。沒有人在「管理」這些維基人。沒有人坐鎮中央，絞盡腦汁想著要如何「激勵」這些人。這正是維基成功的原因。千篇一律、枯燥無趣的工作需要指揮，非規律性、較爲有趣的工作則要靠自己指揮自己。有個不願具名的企業領袖就說得很開門見山。他在面試時告訴那些準員工：「如果你得靠我來激勵你，那我八成不會錄用你。」

做個簡單歸納。在相容性方面，激勵 2.0 有三個問題。就行爲的組織方式而言，它和許多新興商業模式並不契合──因爲人類並不只是依靠外在誘因、最大利益的追求者，也是力量發諸內在、最大目的的追求者。它也不符合二十一世紀關於人類行爲的經濟思維──因爲經濟學家

終於體認到，我們是成熟的人類，不是唯經濟利益馬首是
瞻的機器人。或許最重要的一點是，它和我們職場上的實
際行為多有扞格——因為對越來越多的人來說，工作常是
充滿創意、趣味、需要自我指引的，而非一成不變、枯燥
乏味、需要他人指揮的。總的來看，這幾個相容性問題有
如警訊，告訴我們這個激勵作業系統已經走偏了。

不過，要知道到底哪裡出錯，我們必須仔細檢視在它
裡面作怪的蟲，而這也是建立一個嶄新作業系統的必要步
驟。

胡蘿蔔和棍子
（經常）失效的七個原因

除非受外力作用，否則物體靜者恆靜，動者恆動。
這是牛頓的第一運動定律。同牛頓其他的定律一
樣，這個定律也是簡潔扼要──這是它威力的一部分。就
連我這種高中物理懵懵懂懂矇混過去的人也懂，甚且能用
它來詮釋這個世界。

激勵 2.0 頗相類似。它的核心是兩個簡潔扼要的觀念：

獎勵某種行為，這種行為就會增多。懲罰某種行為，
這種行為就會減少。

　　一如牛頓那些定律，可以幫助我們解釋物理現象或是圖繪出擲球時的拋物線，激勵 2.0 的兩個基本觀念也有助於我們理解社會環境，預測到人類行為的軌線。

　　可是，牛頓的物理定律在次原子的層級踢到了鐵板。在強子、夸克、薛丁格（Edwin Schrödinger）的貓這些場域，事情開始變得詭異。牛頓世界的冷靜理性讓位給了詭譎多變又難以捉摸的路易斯·卡洛爾（譯註：Lewis Carroll，《愛麗絲夢遊奇境》的作者）。在這方面，激勵 2.0 也頗相類似。當獎勵和懲罰碰到我們的第三驅力，類似於行為上的量子力學似乎就取而代之，奇怪的事情開始發生。

　　當然，關於職場激勵的討論，起始點一定是這個生命的簡單事實：人必須賺錢謀生。固定薪資、契約式的薪酬、福利津貼、獎金紅利，都屬於我所謂的「基準獎勵」（baseline reward）。如果哪個人的基準獎勵沒有到達標準或受到不公平待遇，他會把心思放在不公平待遇上，而對工作環境產生焦慮。如此，你不只得不到外在誘因的預期效果，連難以捉摸的內在驅力也杳然無蹤。員工受到的激勵根本是微不足道。

　　而一旦跨過這個門檻，你希望藉著胡蘿蔔和棍子達到的目的卻更可能弄巧成拙，得到**適得其反**的後果。特地為增進激勵而設計的機制可能澆熄激勵；旨在激發創意的策略可能讓創意一蹶不振；提倡良好行為的計畫可能讓良好

行為銷聲匿跡。另一方面，負面行為非但沒有因為獎賞與懲罰而得到遏止，反而如脫韁野馬失去控制，衍生出舞弊、耽溺行徑和鴉片般的危險思維。

這可真是奇怪。而且，並非所有情境皆是如此（這點我們會於本章稍後做更多討論）。不過，一如戴西的索瑪立方塊實驗所顯示的，很多我們認為理當有效的措施，得到的效果卻是適得其反：想要的東西得不到，不要的東西變本加厲。在激勵 2.0 作業系統裡作怪的就是這樣的蟲。不管我們是在印度發盧比、在以色列收錫克爾金幣、在瑞典捐血、在芝加哥畫圖，這些蟲都浮出了檯面。

想要的東西得不到

美國文學中有個歷久不衰的場景，可以為人類激勵提供一個寶貴教訓。馬克‧吐溫名著《湯姆歷險記》（*The Adventures of Tom Sawyer*）第二章，湯姆面對一個可怕的任務：收養他的寶麗阿姨罰他把足足有八百多平方呎的圍籬漆成白色。他對這個任務並不歡欣鼓舞。「在他看來，人生似乎空虛無比，生存不過是個負擔，」馬克‧吐溫寫道。

可是，正當湯姆瀕臨絕望，「一個靈感，不折不扣的絕妙靈感」突然湧至。當他的朋友班恩走過來，嘲笑湯姆

在做苦工，湯姆故意裝得一頭霧水。粉刷圍牆才不是苦差事，他說。這是千載難逢的殊榮——一種，呃，內在激勵的源泉。這份工作突然變得好誘人，班恩忍不住要求自己也刷刷看，但湯姆拒絕了。直到班恩用蘋果交換粉刷的機會，他才不情不願地把刷子讓給了班。

沒多久，更多男孩來了，每一個都中了湯姆的計，最後都在替他粉刷圍籬——還重複刷了好幾層。從這個小故事裡，馬克・吐溫萃取到一個重要的激勵原則，那就是：「不管什麼事，你不得不做的叫『工作』，不是非做不可的叫『玩耍』。」馬克・吐溫繼續寫道：

在英國，一些有錢的仕紳會在夏天駕著四輪四馬的大車每天奔馳二、三十哩，因為那份風光得花上他們一大筆錢。可是，如果有人因為他們的服務而給予工資，拉車就變成工作，那他們可就敬謝不敏了。[1]

換句話說，獎賞像是一種詭異的行為煉金術——能把有趣的差事化為苦工，讓玩耍變成工作。而當內發的激勵降低，績效、創造力甚至於正當行為都可能摧枯拉朽，骨牌一般應聲而倒。我們不妨稱之為「湯姆索耶效應」*。

---

*湯姆索耶效應的定義是雙向的：練習可以讓玩耍變成工作，也可以讓工作變成玩耍。

如果從全球幾個有趣的實驗中取樣，你會發現這個效應曾在四個場域中發揮作用——也再度凸顯了科學所知和企業所為之間的不對稱。

內在激勵

將近四十年前，戴西等行為科學家開始發現湯姆索耶效應的存在，只是他們用的不是這個詞彙。對於外加誘因造成的這些違背直覺的結果，他們稱之為「獎賞的隱藏成本」。事實上，攸關這個主題的第一本著作——心理學家馬克‧賴波（Mark Lepper）和大衛‧格林（David Greene）於一九七八年出版的研究論文集——，即是以此作為書名。

賴波和格林的早期研究之一（另一位同僚羅伯‧尼斯貝特〔Robert Nisbett〕也是合作者之一）在該領域中已成經典，是激勵理論文獻中被援引最多次的論文之一。這三位學者花了數天時間觀察一個幼稚園班級，找出那些寧可利用「自由遊戲」時間去畫畫的小孩。他們想知道，若是對這些小朋友顯然樂在其中的活動施以獎勵，會造成什麼樣的效果，於是設計了這個實驗。

他們把這些孩童分成三組。第一組，是「預期得獎」組。他們將綁有藍絲帶、上面寫著孩童名字的「優良小畫家」獎狀拿給這組小朋友看，說只要畫畫即可得獎，問他

們願不願意。第二組是「意外得獎」組，研究者只問他們想不想畫畫。如果他們畫了，下課時每人都會得到一張優良小畫家獎狀。第三組是「無獎」組。研究者只問他們想不想畫畫，既沒有在開始時答應給獎，事後也不發予獎狀。

兩週後，教室的老師在自由遊戲時間將圖畫紙跟彩色筆準備好，研究者則在暗中觀察這些孩童。「意外得獎」和「無獎」組和先前一樣勤於畫畫，同樣興致勃勃，跟實驗前殊無二致。但第一組的孩童，亦即預先已知會得到獎賞、事後也確實拿到獎狀的小朋友，卻顯得意興闌珊，大幅縮減了他們畫畫的時間。[2] 湯姆索耶效應發揮了作用。才短短兩個星期，那些誘人的獎賞——這些東西在教室和辦公室裡司空見慣——就已經讓玩耍變成了工作。

要釐清的是：不見得是獎賞本身澆熄了小朋友的興趣。別忘了，當那些孩童沒有預期得到獎賞，意外拿到獎狀對他們的內在激勵幾乎毫無影響。只有**論功行賞式**的獎賞——如果你這樣做，就會得到某個東西——會產生負面效果。何以如此？因為這種條件式的獎賞需要人放棄若干的自主性。就像那些英國仕紳，如果不是出於樂趣而是為了賺錢而去拉馬車，他們的生活就不再是由自己全權掌控。如果說他們的激勵是個籃子，籃底可能就此出現一個破洞，讓這項行為的樂趣慢慢流失殆盡。

賴波和格林其後又以孩童為對象做了數個實驗，得到

的結果如出一轍。慢慢的，其他學者在大人身上也發現了類似的結果。他們一再發現，外在的獎酬，尤其是論功行賞、可預期的、條件式的獎賞，會扼殺第三驅力。

　　這些洞察引起了極大爭議。畢竟，它們所質疑的是一種大部分公司行號與學校行之有年的標準作法。因此，一九九九年，為確認這個結論，戴西和兩位同事重新分析了幾近三十年來關於此一主題的研究。「仔細析究一百二十八項關於獎賞功效的實驗結果後，得到的結論是：論功行賞式的獎酬對內在激勵經常造成重大的負面效果，」這是他們的斷語。「舉凡家庭、學校、企業、運動球隊，當一個組織把重心放在短期表現、傾向於控制他人行為」，會造成不容小覷的長遠傷害。[3]

　　想鼓勵一個小孩學數學，每寫完一頁習題就給錢，短期內他勢必會比較勤奮，但長久下來就對數學失去了興趣。為了讓一個熱愛工作的工業設計師有更出色的創作，他每設計出一個大賣作品就給予厚酬，短期內他勢必廢寢忘食投入工作，可是長遠來看，他會變得不再那麼樂在工作。一本頂尖行為科學教科書如是形容：「為了增強他人動機、鼓勵他人作為，大家會利用獎賞以期收效，但此舉往往戕害了一個人對該行為的內在激勵，反而導致始料未及的隱藏成本。」[4]

　　這是社會科學最堅實卻也最受忽略的發現之一。儘管

有幾位學有專精又抱持熱情的科普作家——尤其是美國知名教育學者艾菲・柯恩（Alfie Kohn）一九九三年出版的遠見之作《用獎賞來處罰》（*Punished by Rewards*），對外在獎勵即有沉痛的控訴——，我們依然不斷用這種方法來激勵別人。或許我們是不敢放掉激勵 2.0，儘管這個作業系統的缺陷如此昭顯。或許我們是腦筋轉不過來，還沒搞懂這門特異的內在激勵量子力學的原理。

也或許，我們有更好的理由。即使那些著眼於掌控的「條件式」獎酬會啟動湯姆索耶效應、讓第三驅力窒息，但或許真能激發他人更好的表現也說不定。如果真是如此倒也不壞。所以，我們不妨這樣問：到底外加的獎賞能不能刺激表現呢？四位經濟學家遠赴印度，去尋找這個問題的答案。

高績效

在實驗室裡進行實驗、測試外在誘因諸如金錢的影響，難處之一是成本問題。要是你打算付錢給受試者希望他們有出色表現，你拿出的數字可不能不痛不癢。在生活水準高昂的美國或歐洲，要拿出有關痛癢的金錢給動輒數十個受試者可能得付出大筆鈔票，這是行為科學家難以負荷之重。

部分是為了轉圜這個問題，四位經濟學家，包括我前

52

一章提過的丹·艾瑞利，於是在印度馬都賴（Madurai）
設立據點，以測量外在誘因對績效表現的影響。由於印度
鄉下的生活成本遠遠低於北美，這些學者不必去搶銀行，
就可以拿出大筆酬賞。

他們找來八十七個本地人參與實驗，請受試者進行數
種需要肌肉能力、創意或專注力的動作或遊戲，例如對準
靶心扔擲網球、重組文字再還原、記憶一連串數字。為了
測量誘因力量的強弱，研究者祭出了三種受試者表現達到
水準即能得到的獎酬。

只要做到要求的表現，三分之一的受試者可得到小額
報酬──四個盧比（當年約是五角美金，在馬都賴相當於
一日工資）；三分之一拿到中等報酬──四十盧比（約五
美元，馬都賴當地人兩星期的工資）；另外三分之一則可
賺到一大筆獎酬──四百盧比（約五十美元，將近當地五
個月的工資）。

結果呢？獎酬高低是否能夠預測出表現好壞呢？

是。但不是你以為的那樣。最後的結果是：得到中等
報酬的人表現並沒有高於小額報酬的人。至於誘因超高、
可得四百盧比的那組，反而表現最差，在幾乎所有的指標
上都瞠乎其他兩組之後。研究者在這份為波士頓聯邦準備
銀行（Federal Reserve Bank of Boston）進行的研究報告中
寫道：「在三次實驗、共計九種動作當中，高額誘因於其

中八種導致了**較低**的表現。」[5]

我們暫且繞回剛才那個結論。這四位經濟學家——兩位來自麻省理工學院，另外兩位分別來自卡內基美隆大學和芝加哥大學——之所以進行這項研究，是受到聯邦準備系統（譯註：Federal Reserve System，相當於美國的中央銀行），全球最有權力的經濟主導單位之一的委託。然而，他們非但沒有證實這個簡單的企業法則——更高的酬賞可促成更好的表現——，反而顛覆了它。得到這個與一般直覺相反結論的不只是美國學者。二○○九年，曾經培養出十一位諾貝爾經濟學得主的倫敦經濟學院（London School of Economics），也有學者針對依照績效計酬的企業政策，分析了相關的五十一個研究。這些經濟學者的結論是：「我們發現，金錢誘因……對整體績效可能產生負面影響。」[6] 在大西洋兩岸，科學的認知和企業界的實際作為之間都存有極大的鴻溝。

「當前許多機構會對一些工作提供巨額獎酬，這些工作性質與本研究請受試者執行的任務完全雷同，」艾瑞利與同僚寫道。「而研究結果對這個前提假設並不支持。本實驗顯示……我們不能理所當然地做出假設，認為提高獎酬或祭出獎賞一定會增進績效表現。」確實，許多情況下，對員工祭出論功行賞式的獎酬——此乃企業界激勵措施的基柱——，很可能是「自取其敗」。

當然，雖然拖稿的作家會玩扔擲網球或文字遊戲，但鮮少人會在上班時間這樣做。如果是側重創意的工作，亦即與當下一般人實際從事的工作較爲相近的事務，情況又是如何呢？

創意

要在短時間內測試一個人的解決問題能力，少有比下面這個測驗更有效。一九三〇年代，心理學家卡爾‧鄧可（Karl Duncker）設計了「蠟燭問題」，爾後就被廣泛運用在行爲科學領域的多種實驗中。請接著看下去，看看你本事如何。

請在倚著一面木頭牆的桌旁坐下。研究者會交給你測

解決前的蠟燭問題。

試的材料：一根蠟燭、一些圖釘和一盒火柴。

你的任務是讓蠟燭附著在牆上，但蠟油不能滴到桌上。動腦筋想想看，你會如何解決這個問題。很多人一開始會試著用圖釘把蠟燭釘在牆上，但怎麼也釘不上去。有人點燃一根火柴，將蠟燭一端燒融後試著黏在牆上，卻也徒勞無功。可是，過了五分鐘、十分鐘，大部分的人都會靈光一閃，想出如下圖所示的解決辦法。

解決後的蠟燭問題。

解題的關鍵在於突破一種稱為「功能固著」（functional fixedness）的心理。你看著這個盒子，只看到它一個功能：裝圖釘。可是當你重新思考，最後終會悟到，這個盒子也可用作其他用途——當底座來支撐蠟燭。拿前章提到的語彙來說，解決這個問題並不是演算式的工作（遵

循一條既定路徑），而是啓發式（脫離這條路徑，另闢蹊徑發掘新的策略）。

要是你給別人這樣一個需要構思的題目，同時提供獎賞以鼓勵他們快速解題，結果會如何呢？目前任教於普林斯頓大學的心理學教授山姆・葛拉斯柏（Sam Glucksberg）數十年前便做過這樣的測試。葛拉斯柏測量兩組人馬解決蠟燭問題的速度。他告訴第一組，計時只是爲了建立一個速度標準，看一般人大致需要多少時間來解決這個問題。至於第二組，他提供了誘因：如果你解決問題的速度是所有參與者的前四分之一，可以得到五美元的獎金，如果解題速度居冠，可得二十美元。若把通貨膨脹考慮在內，等於努力個幾分鐘就可得到一筆可觀的錢——非常好的誘因。

結果，被提供誘因的那組想出對策的時間快了多少？平均起來，大約是**多出**三分半的時間。[7]沒錯，是慢了三分半。（每當我對企業團體宣布這個結果，得到的反應總是全場譁然、不由自主的哀號和驚嘆）。這與激勵 2.0 的基本原理完全背道而馳——一個以釐清思考、激發創意爲目的的設計，結果反而蒙蔽了思考、扼殺了創意。何以如此？因爲，獎賞就其本質而言，會窄化我們的焦點。如果解決方法是一條明顯的直路，此舉確有助長之效，讓我們直視前方，專心飆速度。然而，對於蠟燭問題這樣的挑

戰，條件式的激勵只會成事不足，敗事有餘。一如本實驗所示，獎酬侷限了我們的焦點，遮蔽了原可讓受試者看到事物新用途的寬廣視野。

對於一些並非對既有問題尋求突破而是需要創新的挑戰，似乎也會產生類似的結果。泰瑞莎・艾瑪拜爾這位哈佛商學院教授、創意研究領域首屈一指的學者，就常做實驗來測試論功行賞式的獎酬對創造力有些什麼樣的影響。其中一項研究，她和兩位同僚從全美各地，找來二十三位既接受委託也自由創作的專業藝術家參與。研究團隊請這些藝術家隨意選出十幅受委託作品和十幅非委託作品，然後將這些作品一起送交一群名高望重的藝術家和博物館專家，請這些對此實驗完全不知情的專家就此作品的創意和技藝給予評價。

「我們的研究結果令人瞠目，」研究團隊寫道。「就創意而言，受委託作品得到的評價遠比自由作品為低，但在技藝方面則是相去不遠。不但如此，連藝術家自己都說，做委託作品時遠比自由創作時多了一層綁手綁腳之感。」其中一位藝術家在接受訪談時，描述箇中的湯姆索耶效應：

雖然並非總是這樣，但經常如此：當你為別人創作之際，創作變得比較像「工作」而非樂趣。而當我替自己創

作，我能享受到純粹的創造之樂，甚至通宵達旦，不覺東方之既白。對於受委託的作品，你必須時時檢視自己，務必要做出客戶希望的東西來。[8]

　　另一個為期較長的藝術家研究也顯示，外加的酬賞可能成為障礙，阻滯了最後的成功。一九六○年代初，一些學者對芝加哥藝術學院的大二、大三生做了一項工作態度調查，看看這些學生是外在激勵還是內發驅力較強。一九八○年代初，另一個學者以這些數據當作基礎繼續追蹤，看看當初那些受試者後續的生涯發展如何。其中最令人驚異的發現之一是：「就讀藝術學校期間對外在激勵反應越不明顯的人，畢業後數年間甚至二十年後的藝術專業越有成就，」尤其是男生。對於偏向內在激勵的畫家和雕刻家來說，創作的挑戰和發現本身就是回報，因此能夠熬過歲月的風霜——物質報酬和外界肯定雙雙闕如，這是藝術生涯在所難免的磨難。而這又導致了有如愛麗絲奇境世界般詭異的第三驅力的另一個弔詭。「眾所公認，為樂趣而作畫、雕刻的藝術家，作品要比為了外在獎酬而創作的藝術家來得優異，」研究指出。「最不受外在獎酬所動的人，最後反而抱得這些獎酬而歸。」[9]

　　當然，這個結果並非放諸所有的工作皆準。艾瑪拜爾等學者先前便已指出，外加酬賞對於遵循公式即可得到邏

輯結論的演算式工作可能奏效，但對於側重右腦思考的工作——需要靈活解套、創造發明或概念性理解的差事——，論功行賞式的獎酬就可能造成傷害。受到酬賞的人往往眼界更不易放寬，無法想出饒有創意的對策來。這也是社會科學最堅實的發現之一，尤其這麼多年來，艾瑪拜爾等學者不斷在做更精細的補充。[10] 無論是藝術家、科學家、發明家、莘莘學子或是我們這班芸芸眾生，內發驅力——因為事情有趣、富挑戰性、引人入勝而去做——是豐饒創造力的必要條件。而「條件式獎酬」，儘管被多數企業視為中心支柱，但它不只無法激發創意思考，反而往往僵化了它。隨著現代經濟的方向越來越側重右腦能力和構思性工作——越來越多的上班族都有自己的蠟燭問題要面對——，這或許是科學新知和企業作為之間最令人憂心的鴻溝。

良好的行為

　　該不該給捐血的人報酬，哲學界和醫藥界長久以來便爭論不休。有人說，血液跟人體組織或器官一樣特殊，不該將它視為與一桶原油或一箱滾珠軸承無異而拿來買賣。另一派則駁斥道，這種食古不化的論調早該束之高閣了，因為唯有付錢去買，才能確保這種物質不虞匱乏。

　　不過，一九七○年，研究英國捐血行為的英國社會學

家理查・蒂特馬斯（Richard Titmuss）提出了一個大膽推論。他說，有償的捐血行為不只是不道德，更無效率可言；如果英國決定支付報酬給捐血的人，全國的血液存量非但不會增加，反而會**下降**。這個觀念確實古怪，經濟學家對此竊笑不已。而它就只是一個直覺的想法而已，就連蒂特馬斯自己也不曾付諸測試。[11]

然而，將近四分之一個世紀之後，兩位瑞典經濟學家想知道蒂特馬斯的推論是否正確，決定一探究竟。這是個有趣的田野實驗。他們造訪哥特堡（Gothenburg）的一家捐血中心，找到一百五十三名有意捐血的女人。接著——這似乎是激勵理論學者的慣例——，他們將這些受試者分為三組。[12] 研究者告訴第一組，捐血純屬自願行為；她們可以捐血，但不會領到報酬。第二組得到的待遇就不同了；只要捐血即可拿到五十元瑞典克郎（約合七美元）。第三組跟第二組待遇一樣，唯一的差別是：捐血者除了得到五十元瑞典克郎，當下亦可選擇要不要把這筆錢捐給兒童癌症中心。

結果，第一組受試者有五成二決定捐血。她們顯然富有利他精神，即使沒有酬勞，也願意做點好事貢獻瑞典同胞。

第二組呢？若以激勵 2.0 觀之，這組捐血的動機應該更高才是。她們現身於捐血中心即是內在驅力的表現，順

便拿個幾塊錢回家，或許更能推動這股衝勁。然而，你可能已經猜到，實際卻不是這麼回事。這組女人只有三成決定捲起袖子捐血。提供金錢報酬，捐血人數不僅沒增加，反而**減少**近半。

至於可選擇要不要把報酬直接捐給慈善機構的第三組，反應跟第一組差不多：有五成三的人決定捐血 *。

或許，蒂特馬斯的直覺畢竟是正確的。添增金錢獎勵，並不會導致更多你意圖鼓勵的行為，反而弄巧成拙。原因是利他行為因此蒙塵，「排擠」掉了你行善的內在衝動。[13] 捐血的目的無他，行善而已。誠如美國紅十字會的宣傳單所寫，它提供給捐血者一種「金錢也買不到的感受」。此之所以每有天災人禍、重大事故發生，捐血的人一定增加，向無例外。[14] 然而，若是政府打算付錢給這些於急難時幫助鄰居的人，捐血量反而可能減少。

雖說如此，但在瑞典這個實驗中，獎酬本身並不是徒有破壞性而已。比起將五十克郎放進自己口袋，讓你選擇要不要把它捐出去似乎沖淡了它的負面效應。這點也極為重要：並不是所有的獎勵在所有情境下皆是有害無益。舉例來說，義大利政府以增加假期的措施鼓勵上班族捐血，捐血量果然增加。[15] 這條法令除去了通往利他行為的路

---

* 這個實驗也測試了一百一十九位男士，結果略有不同。對於捐血的決定，支付的報酬在統計上並無意義，無論正負。

障。因此，儘管有幾個人大力鼓吹，要你相信外在獎酬基本上是惡事一椿，但實證上並非一概如此。事實是，把獎酬跟本質上有趣、講求創意或目的崇高的工作綁在一起——尚未搞懂激勵這門特殊學問就貿然施行——是非常危險的。在這樣的工作情境下，「條件式獎酬」通常是弊多於利。真正激勵的組成元素有三：自主、專精、目的，忽略了這些要素，獎酬反會成為障礙，侷限了所有人的可能成就。

不要的東西反而變多

在顛三倒四的第三驅力世界裡，若想鼓勵他人做出某種行為而祭出獎酬，常會落得弄巧成拙，減抑了這個行為。而且，不止是這樣。外在酬賞若是使用不當，還會帶來另一個始料未及的附帶結果：我們不要的東西變多了。此處亦然，企業腳步並沒有跟上科學的發現——科學為我們攤開的事實是：胡蘿蔔和棍子可能導致不良行為、造成上癮，同時以犧牲長遠視野的代價，助長了短視的思維。

不道德的行徑

還有什麼東西比心存目標更彌足珍貴的呢？打孩提時代開始，老師、教練、父母就諄諄告誡我們要訂定目標，

然後使盡全力，務求達陣──他們的話很有道理。目標很
有用。學術文獻顯示，目標讓我們心無旁鶩，我們因此會
更努力、更堅持，成就更高。

　　然而，儘管這個藥方用得極廣，包括哈佛商學院、西
北大學凱洛管理學院、亞利桑那州愛樂管理學院、賓州大
學華頓商學院的一群教授，最近卻聯手對它的功效提出質
疑。「目標的設定不應被視為是提升績效的『開架式』膏
藥。它應該是有選擇性的處方藥，除了附上警告標示，用
藥也得嚴格監督，」這群學者寫道。[16] 一般來說，替自己
設定為邁向專精而訂的目標，通常是健康的。可是，如果
是別人替你訂的目標，諸如營業額、報酬率、考試分數標
準，就有產生危險的副作用之虞。

　　跟所有的外在酬賞一樣，目標也會窄化我們的焦點。
這是它可能奏效的原因之一；它讓我們全神貫注。但一如
前述，視野變窄是要付出代價的。對於性質複雜或需要構
思的工作，你需要寬廣的思考才可能想出別出心裁的對
策，而提供酬賞有如為你的思維蒙上了眼罩。同樣的道
理，當你把別人替你設定的目標奉作最高圭臬，尤其是短
期、可量化、一旦做到就可得到高額回報的目標，你的視
線會被侷限住，看不到自己行為的寬面與廣面。一如這些
商學院教授所寫：「可觀的證據顯示，設定目標或可激發
建設性的努力，但也可能引發不道德的行為。」

　　這些學者指出，例證俯拾皆是。西爾斯（Sears）百貨公司對汽車部門實施營業配額政策，結果員工的對策是：超收客戶費用，無須修理的地方也巧立名目硬去修理。安隆（Enron）公司為員工制定超高的營業目標，結果大家為達目的不擇手段，催化了該公司的分崩離析。福特訂下日期，一心一意要在期限內推出某個重量、某個價格的車款，結果忽略了安全檢查，讓這款危險的平托（Pinto）車型脫韁而出，一發不可收拾。

　　提供外在獎酬的問題關鍵，在於它被視為是唯一重要的目的，有人因此會抄捷徑，即使是旁門左道也在所不惜。

　　確實，現代生活中隨處可見的各種醜聞和偏鋒行徑，多與愛抄捷徑脫不了干係。為了拿績效獎金，高階經理人在營業數字上動手腳。為了讓畢業生順利進入大學，高中導師竄改學校成績單。[17] 為了讓比賽數字好看、高額獎金落袋，運動員不惜為自己注射類固醇。

　　且拿以內在激勵作為動力的行為兩相對照。當行為本身就是回報——增進知識、顧客開心、展現自己最好的一面——，這些行為是沒有捷徑的。老老實實一步一腳印，是達到目的唯一的途徑。就某個意義來說，你不可能耍陰，因為最後吃虧的是你自己，不是任何競爭對手。

　　當然，並非所有的目標都可以一概而論。而且——這

點我非強調不可──，目標和外在酬賞本質上並不會腐化人性。不過，設定目標的毒性確實比激勵 2.0 所承認的來得高。事實上，這群商學院教授建議，目標本身應該附上這樣一張警告標示：**設定目標，可能因為窄化視野、增加不道德及投機冒險行為、降低合作意識及內在激勵，而為組織帶來系統問題。貴組織若是服用這帖藥，敬請慎用為荷。**

拿胡蘿蔔當酬賞有時會激發不良行徑，那麼拿棍子當懲罰總可收嚇阻之效了吧，對不？且慢下結論。第三驅力的運作沒那麼死板，它比這個結論更出人意表，一如兩位以色列經濟學者於幼稚園的發現。

二○○○年，尤瑞‧格尼茨（Uri Gneezy）和阿爾多‧羅士提奇尼（Aldo Rustichini）在以色列海法市（Haifa），對一些托兒所做了一項為期二十週的研究。[18]這些托兒所都是早上七點半開門，下午四點關門。家長必須在關門前接回小孩，不然老師就得晚下班。

實驗開始後，這兩位經濟學者利用四週時間做紀錄，觀察每星期有多少家長遲到。之後，在托兒所的同意下，他們貼出這樣一張告示：

告示：遲到將科以罰金

本托兒中心明訂的關閉時間為下午四時。由於某些家

長總是超時才來接小朋友，本中心（已獲以色列私立托兒中心主管機關核准）決定，對遲到的家長科以罰金。

自下週日始，晚於四點十分來接小朋友的家長，每遲到一次就得繳交十元以幣＊的罰金。罰金每月結算一次，連同該月月費一起繳納。

此致各家長

托兒中心主任敬啟

格尼茨和羅士提奇尼指出，設定罰金是出於直線式的思考：「對某行為施以負面後果，這樣的行為當會減少。」換句話說，對家長科以罰金，照理說能阻遏他們遲到的習性。

結果卻不是這樣。「據我們觀察，實施罰金後，遲到的家長人數反而穩定**增加**，」兩位經濟學家寫道。「遲到率終於塵埃落定——遲到家長人數反而更高，**幾乎是**當初遲到率的**兩倍**。」[19] 他們說明，現有的文獻完全無法解釋這樣的研究結果，這些措詞令人想起哈洛搔頭苦思的模樣。確實，「甚至沒人想到過，受到懲罰的行為有可能不減反增。」

這是激勵 2.0 作業系統裡另一個冒出來的蟲。大部分

＊該罰金以人次計算，因此家長若有兩個小孩托育在此，遲到就要繳納二十元以幣的罰金。在實驗進行時，十元以幣相當於三美元。

家長準時來接小孩，一個原因是看在老師分上——畢竟，照顧他們寶貝的是這些老師，他們希望公平對待他們。家長們有股內發渴望，要自己嚴格遵守準時的規定。然而，罰金的威脅——跟捐血實驗中被誘以金錢報酬殊無二致——將這股第三驅力擠到了一邊。祭出罰金，使得家長的決定從部分的道義責任（對小孩的老師要公平）轉變成純粹的商業交易（我可以用錢來買更多時間）。兩者沒有共存的空間。懲罰，非但沒有激發更多可取行為，反而將它排擠出去。

依賴成癮

有些學者相信，條件式的激勵和其他一些外在獎酬跟處方藥頗相類似，有引發危險副作用之虞，有人認為這些獎懲更似違禁藥品，會養成更嚴重、毒害更烈的依賴癮頭。根據這派學者的看法，金錢報酬和熠熠生輝的獎盃一開始會予人一種甜美的欣喜感，但這份喜悅很快就會風流雲散。為了讓它保持鮮活，你需要更頻繁地服用，而且劑量一次比一次更重。

俄國經濟學者安東‧蘇沃洛夫（Anton Suvorov）曾經建構一個計量經濟模式來闡釋這個效應，稱為「主使者－行使者理論」（principal-agent theory）。把**主**使者想成是祭出激勵的人，如僱主、老師、家長，**行**使者是受激

勵的對象，如員工、學生、小孩。基本上，主使者會冀望行使者去做主使者想要的事，行使者則是在自己的興趣和主使者提供的獎勵中間求取平衡。蘇沃洛夫利用一堆複雜公式去測試主使者和行使者之間的多種情境，導出數個讓所有想叫小孩去清垃圾桶的家長直覺上就感覺有道理的結論。

主使者提供獎勵，有如向行使者打出信號，暗示這件事本身就不吸引人（要是這件事引人入勝，行使者根本無需他人催促）。可是，這個信號以及附隨於它的獎勵會讓主使者變得騎虎難下——祭出的獎勵太少，行使者不願服從；但一開始就祭出誘人的獎賞，「下回鐵定也得這樣做。」這是一條不歸路。付錢給你兒子去倒垃圾，保證他以後絕不會免費去倒垃圾。不只如此，等到最初獎額的吸引力消退，你可能得加碼才能讓他繼續聽話。

蘇沃洛夫解釋：「獎勵之所以讓人上癮，是因為一旦祭出論功行賞式的獎酬，行使者只要面對類似的工作就會期待拿到獎酬，結果迫使主使者不得不一再祭出獎勵。」不出多久，目前的獎酬額度可能就不夠了。它很快就會讓行使者感覺像在原地踏步而非額外紅利，主使者只好提供更大的獎酬才能達到同樣的效果。[20]

這個得獎會上癮的模式並不僅是黑板上的理論。當時服務於美國國家酒精濫用與中毒研究所的神經科學專家布

萊恩‧納特森（Brian Knutson），便曾利用功能性磁振造影（fMRI, functional magnetic resonance imaging）的腦部掃描技術，做了一項實驗，為這個理論做出佐證。他將幾位健康的志願者推進一個巨大的掃描器，觀察他們的大腦在一場可能贏錢也可能輸錢的遊戲中如何反應。當受試者得知自己有機會贏得現金，大腦的「阿肯伯氏核」（nucleus accumbens）區域便會產生活動現象，換句話說，當受試者預期有可能贏得獎賞（可能輸錢時卻不會有這種反應），一種叫作多巴胺的大腦化學物質就會激增並湧入這個區域。目前任教於史丹佛大學的納特森之後又做了數個研究，只要受試者預期有獎賞可拿，研究結果也都類似。就我們的目的而言，這個反應耐人尋味之處是：這個基本生理反應──這種特殊的大腦化學物質湧入此一大腦區塊──跟癮頭發作時的腦部生理反應如出一轍。大部分讓人上癮的藥物，其機制運作即是讓大量多巴胺湧入阿肯伯氏核。這種感覺令人欣喜，而隨著喜悅感褪散，你會很想再來一次。換句話說，如果我們答應給某人金錢報酬然後觀察他的腦部，這人的反應會跟餵食古柯鹼、尼古丁、安非他命一樣，雷同得令人憂心。[21] 這或許是如果你付錢要人戒菸，短期內可能奏效的原因之一──以一種（較溫和的）癮頭取代另一種（危險的）癮頭。

獎勵令人上癮，這種特質也可能扭曲一個人做決定的

能力。納特森發現，阿肯伯氏核的啓動似乎預言了「冒險的抉擇和追求風險刺激的謬誤決定」。激勵2.0希望獎賞能讓人燃起熱情而做出良好抉擇，事實上卻讓人做出更糟的決定。一如納特森所言，「此之所以賭場會在賓客周遭擺放能誘發賭客得獎情緒的東西（如平價食物、免費酒品、驚喜小禮物、可能中大獎的機會）——當獲獎的預期啓動了〔阿肯伯氏核〕，原本對冒險敬而遠之的態度就可能轉變成追求冒險。」[22]

簡而言之，雖然懸吊在你眼前的胡蘿蔔並非一無是處，有些情況下卻無異於一包純古柯鹼，服用後所激發的行為，就跟你在擲骰子或轉輪盤時極其類似——這可不是我們「激勵」團隊和同仁的初衷。

短視思維

回頭來看前面提及的蠟燭問題。被誘以金錢報酬的受試者表現之所以比其他人差，是因為他們焦點所及只有獎酬，看不到周邊視野裡可能蘊含的新對策。前面說過，獎賞可能侷限一個人的思維**寬度**，而外加的激勵，尤其是論功行賞、條件式的那種，更可能淺化思維的**深度**。它讓我們只顧盯著眼前，無法遠望。

很多時候，全神貫注是有道理的。辦公室失火了，立刻找出口要比思索如何重新劃分區域來得重要。但如果情

況不是那麼極端，目不轉睛盯著眼前的獎酬，長遠來說對績效就有傷害之虞。確實，就我們前面所援引的例子，那些旁門左道或耽溺成癮的行為都有一個最凸顯的共同點——不折不扣都在追求短效。上癮的人只求速解，不會去管長遠所造成的傷害。舞弊的人只求快贏，顧不得貽害無窮的後果。

然而，即使不淪落到走偏鋒捷徑或耽溺成癮，獎酬只求短效的誘惑力就遠程來看也可能造成傷害。舉公開上市公司為例。很多這樣的企業已屹立數十載，看來再熬個幾十年也不成問題。可是，其中不少高階、中階主管每天只是一心一意盯著下一季的表現看。這些企業已經著了季報酬率的魔。管理階層投入可觀的資源，念茲在茲要讓財報數字亮眼好看；他們絞盡腦汁、花費大筆時間明示暗示股票分析師，希望投市場所好而讓市場做出有利的回應。他們的目光何以如雷射一般聚焦於企業表現極其狹隘、近程的一塊，是可以理解的。這是理性反應，因為這些數字稍有風吹草動，股票市場就會立刻做出獎懲，連帶牽動這些高級主管的薪酬。

但是，企業若是目光短淺到連下一季都看不到，便必須付出慘痛的代價。多位學者發現，花最多時間在季報上下指導棋的企業，長期成長率顯著**低於**那些沒那麼斤斤計較的企業（其中一個原因是：耽溺於盈餘數字的企業在研

發方面的投資一般較低）[23]。它們成功達到了短期目標，卻讓兩三年後的企業體質受到威脅。擔心企業濫用目標而走向失控的學者如是形容：「光是制定目標就可能導致員工短視地聚焦於短程收益上，對組織長期下來可能遭受的重大破壞效應，視而不見。」[24]

最昭顯的例子，或許莫過於二〇〇八和二〇〇九年造成全球經濟哀鴻遍野的那場經濟浩劫。在這個經濟體制裡，每個玩家眼裡只有短期報酬——購屋者想要一棟房子，貸款仲介想抽佣金，華爾街交易員想賣新債券，政客想藉經濟榮景再度當選——，以至於輕忽了自己行為對自己或他人造成的長遠影響。音樂一停，整個制度幾乎應聲倒地。這就是經濟泡沫的本質：看似毫無道理的爆發，其實是外在獎酬所激發的短視的惡果。

對比之下，我們即將探討的真正激勵，其要素本質上就是挑戰短淺的視野。就拿專精來說，這個目標本身就屬於長遠性質，因為要讓你的技藝專精到如入化境，就某個意義來說是不可能的。例如，即使是瑞士球王費德勒（Roger Federer），對網球技術也永無可能完全「專精」。然而，若是為促進專精而祭出條件式的獎賞，往往只會弄巧成拙。因此，學齡孩童解出了習題，你就付錢給他們，他們多會挑簡單的習題做，學到的反而更少。[25]短期獎酬會排擠掉長遠的學習。

胡蘿蔔和棍子：七大致命缺陷

1 可能澆熄內在激勵。
2 可能降低績效。
3 可能扼殺創意。
4 可能排擠掉良好行為。
5 可能鼓勵舞弊營私、偏鋒捷徑、旁門左道的行為。
6 可能讓人依賴成癮。
7 可能養成短視思維。

在外加酬賞非常昭顯的環境裡，很多人拚命努力，只是為了踢出得到獎酬的那臨門一腳——之後便再也不肯多走一步。

因此，學生若是讀了三本書即可得到獎勵，很多人就不會拿起第四本，遑論開啓終生閱讀的習慣。這就像高階主管達到季報目標，後往往不肯再多花一毛錢衝盈餘，遑論思考企業長遠的健康與否。同樣的道理，好幾個研究顯示，以金錢誘因去鼓勵他人運動、戒菸、服藥，剛開始效果卓著，但一旦誘因消逝，種種有益於健康的行為也告銷聲匿跡。反之，若是不涉及論功行賞式的獎酬，或是誘因運用得當，不但績效進步，理解力也會更上層樓。偉大和短視是冰火不容的。不凡的成就，是繫於視野的提升和尋求突破的心。

附篇：胡蘿蔔和棍子奏效的特殊情境

胡蘿蔔和棍子並非一無是處。如果激勵 2.0 一無可取，絕不可能風光如此之久或成就今天這等局面。雖然這個以獎懲為核心的作業系統壽命已超過有效期限，亟需升級，但這並不表示我們必須把它的每一吋都當廢鐵看待。沒錯，將它當作破銅爛鐵處理是違反科學之舉。探討人類激勵的學者揭露了胡蘿蔔和棍子的許多弊病，但他們也指出，傳統作法在若干情境下依然能夠運作良好。

當然，公平且適當的基準獎勵——薪資、待遇、福利措施等——一定是起點。沒有健康的基準，任何激勵都難以竟功，甚至可說是緣木求魚。

　　而一旦基準建立穩當，若干情境下，訴諸外在誘因倒是可行。欲知這些情境為何，我們且回到前述的蠟燭問題。葛拉斯柏於研究中發現，有獎金可拿的受試者解題所費的時間比沒有賞金的人還久，你該記得，這是因為預期得到獎賞的心理讓受試者的焦點變得狹隘，侷限了他們想出別出心裁、並非昭然若揭的對策的能力。

　　同一個實驗中，葛拉斯柏也找來另一組受試者，只是在題目上稍微做了點變化。他同樣告訴一半的參與者，計時純粹是為了蒐集解題速度的標準，也對另一半宣稱解題最快的人可以得到現金酬勞。不過，他在材料上做了點小變動。葛拉斯柏不直接把圖釘放在盒子裡給他們，而是把圖釘全部倒在桌上，如下圖所示。

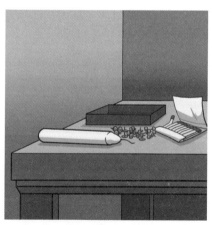

做了變動的蠟燭問題。

你猜到結果了嗎？

這一回，那些一心想拿獎金的人想出對策的速度就比其他人**來得快**。何以如此？葛拉斯柏讓他們看到清空的圖釘盒，基本上就等於爲他們指出了答案。他把一件挑戰右腦思考的事轉化成側重左腦能力的事。受試者只要跟著這條明徑走下去，懸在終點線上的胡蘿蔔就能激使他們快馬加鞭，奮力衝刺。

如果你考慮用外在誘因來激勵員工，你應該有幾個問題要問。葛拉斯柏的實驗爲你提供了第一個問題：**這是規律性的工作嗎**？換句話說，要完成這項工作是不是遵循既定規則就能達到某個明確結果？

對於缺乏趣味也無需太多創意思考的規律性事務，提供獎酬有如施以小小的振奮劑，並無負面的副作用之虞。某些方面來說，這純粹就是常識。一如愛德華·戴西、李察·萊恩（Richard Ryan）和李察·科斯納（Richard Koestner）的解釋：「若是枯燥無趣的工作，祭出酬賞並不會傷及內在激勵，因爲這樣的工作並無內在激勵可言，即令有也是微乎其微。」[1] 同樣的，艾瑞利及同僚帶領一群麻省理工學院學生於印度馬都賴所做的績效研究也發現，一份工作「即使涉及最基本的認知技巧」，祭出高額獎酬「反而導致表現更差」。但是，「只要工作性質呆板無趣，祭出紅利的效果就一如預期：薪水越高，表現越佳。」[2]

　　這點極為重要。隨著現代經濟不斷前進，演算式、只需照章行事的功能比重日減，但我們日常所作所為，尤其在職場上，依舊談不上多麼趣味盎然。我們有一堆例行報告要寫，有無聊的電郵要回，有各式各樣無需燃燒靈魂的乏味差事要做。有些人更慘，**日復一日**，做的盡是這類千篇一律、絕難令人心動神馳的事。在這種情境下，盡可能化工作為嬉戲，將湯姆索耶效應的正面效果完全釋放誠為上策，例如增加事務多樣性、讓它更像玩遊戲，或善用這樣的工作，視之為熟諳其他技術的入門階。遺憾的是，這不見得都能做到。換句話說，條件式的酬賞有時候也不失為一個選項。

　　我們且來看看這個關於獎勵和規律工作的洞察該如何付諸實務。假設你在一個小型的非營利組織裡擔任管理工作。為了宣傳下一次的重大活動，你的設計團隊設計出一張很棒的海報。現在，你必須將這張海報寄達兩萬個會員手上。由於外包給專業郵寄公司的成本高昂，非組織預算所能負擔，你決定自己動手。問題是，從印刷廠拿回海報的時間晚於你的預期，而海報必須在這個週末全部寄出。

　　你手下有十個人，或許外加幾個幫手，你該如何讓他們投入這個週末寄海報的大工程呢？這是個不折不扣的規律性工作：參加的人必須捲好海報、塞進郵寄圓筒、蓋好筒蓋、貼上收信人的標籤和郵資。四個步驟，沒有一個有

趣味可言。

　　身為管理者，你的選項之一是脅迫。如果你是老闆，你可以強迫員工週六週日都來上班，一起從事這個消磨心神的工作。他們或許會從命，但士氣和長遠的使命感可能會受到不小傷害。另一個選項是徵求志願者。但你得面對這個現實：大部分的人消磨週末的方式多得是，吸引力遠勝於貼郵票。

　　這樣的情境下，條件式的獎酬就可能有效了。例如，你可以做出承諾，如果大家齊力完成這個作業，就為整個辦公室開個盛大派對。你可以發禮券給參與的員工。或者更進一步，祭出按件計酬的辦法：每一份塞進信筒封好寄出的海報可拿多少錢，以期激發大家的生產力。

　　雖然論功行賞式的實質獎勵常有戕害內在激勵和創造力之虞，但這些缺點在此處比較無關緊要。這份工作既不需要投入熱情，也不需要深度思考。胡蘿蔔於此例中非但無傷，甚或成效卓著。若再佐以三個重要配套措施，更可增加其成功機率：

- **解釋原因，讓大家了解這份工作何以重要。** 一個本質枯燥乏味的工作若能化成一個遠大目標的環節之一，不但較有意義感，也可吸引工作者更加投入。解釋這張海報何以舉足輕重、現在寄出如何攸關組

織目標的達成。

- **承認這份工作確實單調乏味**。當然，這是同理心的表現。承認事實有助於大家了解：「條件式」獎酬是組織運作的一部分，但需小心慎用，而目前正是它派上用場的少數情境之一。

- **容許員工以自己的方式達成使命**。要以自主為念，不要一味想著掌控。明白說出你需要的結果，但別要求他們非照你的步驟做不可，例如每張海報要如何捲、地址標籤要如何貼。給予員工自由，完成工作就好。

處理單調規律的工作，這是個好方法。其他類型的工作呢？

有些工作不像爬樓梯，不能只是按部就班、一步一步照指令做即可，對於這樣的工作，祭出酬賞就比較危險了。要避開外加酬賞的七大致命缺陷，最好的方法就是完全敬而遠之，要不就把它們的角色做小，將重點轉移到更深層的激勵因子：自主、專精、目的（本書稍後會對這些激勵元素逐一探討）。不過，若在職場上毫無彈性地這樣做，勢必會與一個人生現實產生衝突：就算快樂源發內心、饒富創意，側重右腦工作的人也希望得到金錢報酬。如何善用金錢報酬，讓它既能兼顧人生現實，又能減低外

加酬賞的隱藏成本，泰瑞莎‧艾瑪拜爾為我們點出了一盞明燈。

且讓我們回到艾瑪拜爾與兩位同僚針對一群既從事自由創作也接受委託的藝術家所做的比較研究。當一群對研究目的一無所知的專家就這些作品給予評價，他們異口同聲指出，自由作品要比委託作品來得有創意。原因之一，一如其中幾位畫家所言，做委託作品時多了一層「綁手綁腳之感」——換句話說，他們認為自己在為一個並不完全認同但無掌控餘地的目標而創作。然而，艾瑪拜爾在同一研究中也發現，如果這些畫家認為委託作品有「激發能力」的功能，也就是「能促使這位畫家去進行有趣或令人振奮的創作」，[3] 這些作品得到的創意評價就會扶搖直上。這些藝術家若是認為委託製作可提供有用資訊，或對自己的能力提供回饋，情況亦是如此。

這個研究結果非常重要。科學顯示，將酬賞與非規律性、較重創意的情境結合而不至於惹禍是可能的——雖然箇中運作堪稱詭譎。

因此，回頭說你管理的那個小型非營利組織，假設現在是九個月後。上次的郵寄行動無懈可擊。海報令人驚艷，活動大獲成功。你打算籌辦另一個年終活動。你訂了日期，場地也找好了。現在，你需要一張撼動人心、能吸引民眾、讓想像力飛騰的海報。

你該怎麼做呢？

先說你**不該**做的事：對設計團隊提供條件式的獎勵。千萬不要大搖大擺走進他們的辦公室宣布：「各位若能設計出一張撼動世界的海報，或者吸引到比去年更多的民眾參加，可以分得十分之一的紅利獎金。」雖然這種激勵辦法在全世界各組織裡司空見慣，卻註定會讓他們的表現下滑。創作海報不是規律性的工作。它需要構思，需要突破，需要藝術思考。而一如前述，條件式獎酬是粉碎這類思考的不二法門。

如果你先前已具備條件，營造出一個真正激勵的環境那是最好。基準獎勵一定要充足，換言之，基本待遇必須公平而恰當，尤其跟同性質組織中從事類似工作的人相比。你的非營利組織必須是個令人愉快的工作環境。你的團隊成員必須有自主權，有充分的機會追求專精，日常職責必須和一個遠大目的有所連結。如果這些元素皆已到位，最好的作法就是告知這份工作的緊急性與重要性——然後走開別擋路，讓有才華的人自由發揮。

不過，透過獎酬的技巧運用，說不定你也可為他們的表現推上一把——這是著眼於未來而非眼前的這件工作。只是你得慎用。除非你祭出的獎酬符合一個要件，否則你的努力反會弄巧成拙。此外，若能遵循兩個原則，你的激勵基礎當能立足更穩。

這個要件是：**所有的外在獎酬必須讓人意想不到，而且唯有任務完成後才能見光。**

在計畫之初就把獎品公諸天下——而且當作一個條件——，勢必會讓員工聚焦於如何得獎，而無法專心推敲問題。工作完成後再賞以獎酬，風險就沒那麼大。

換句話說，在不該祭出「條件式」獎酬的情境下，你不妨轉用「既然式」的獎賞：「既然海報已告完成，而且效果非常好，我想帶大家到外頭吃午餐慶祝一番。」

戴西和研究夥伴如此解釋：「工作完成後意外得到實質獎酬，這樣的報酬比較不會被視為做這份工作的原因，因此比較不會對內在激勵造成傷害。」[4]

無獨有偶，艾瑪拜爾若干研究也發現，「拿到額外紅利當獎酬的受試者創意程度最高。」[5] 因此，如果這張海報表現優異，你可以買一箱啤酒請設計團隊暢飲，甚至賞以一點獎金，都不會有扼殺創造力之虞。他們並沒有意外收穫的預期心理，因此獲得與結果之間並沒有一條繫帶連結。你純粹是對他們的出色表現表達肯定而已。不過，請將這個極為重要的提醒銘記在心：既然式的額外獎勵若是重複使用，不出多久就可能變成可預期的條件式酬賞，到頭來，連優秀的表現都可能變得千瘡百孔。

因此，對非規律性的創意工作施以獎勵，若是只以未被預期的既然式獎酬為限，比較不會讓你陷於惡水湍流。

不過，若再遵循下面兩個原則，效果可能更好。

第一，**將非實質的獎勵納入考量**。讚美與正面回饋要比現金和獎杯的腐蝕性小得多。事實上，無論是戴西最初幾個實驗或是其他的後續研究分析，在在發現「正面回饋對內在激勵有強化的效果」。[6] 因此，若是設計團隊製造出一張令人擊節稱賞的海報，你可以走進他們的辦公室，說：「哇，海報做得太棒了。它一定可以吸引眾多的人來參加活動。謝謝你們。」這幾句話聽來簡單，但有可能發揮重大功效。

第二，**提供有用的資訊**。艾瑪拜爾發現，雖然以掌控為目的的外在誘因有可能讓創意一瀉千里，「能提供有用資訊或激發能力的動因卻有助於」創造力。[7] 職場上，大家都渴望知道自己表現是好是壞，但這樣的資訊絕不能當作意圖操控他們行為的暗器使用。所以，可別對設計團隊這樣說：「海報棒極了。完全符合我的要求。」相反的，要對他們的工作提供有意義的訊息。越多細節上的回饋（如「用色很精彩」）、越多與努力和技藝相關而無涉於達到某結果與否的讚美，效果就越好。

簡而言之，對需要創意、側重右腦能力、啟發式的工作，祭出條件式獎酬會讓你立足不穩，搖搖欲墜。利用既然式的獎勵就好得多。而你的獎勵若能提供讚美、回饋和有意義的資訊，那就再好不過了。

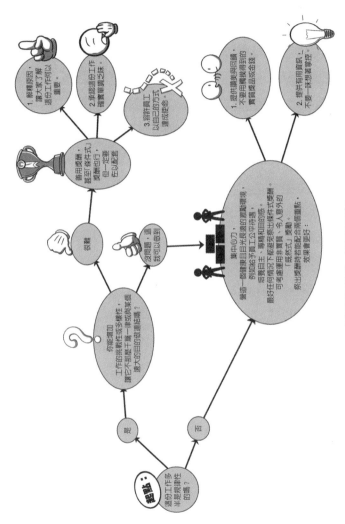

如何運用獎酬：簡易流程圖

I 型行為與 X 型行為

紐約州的羅契斯特市（Rochester），完全不像是一場社會地震的震央所在。該城距離加拿大邊境僅六十二哩，撐建起這座冰冷城市的企業曾經是美國工業經濟的巨擘。伊士曼柯達（Eastman Kodak）製作膠捲。西聯（Western Union）發送電報。全錄（Xerox）製造影印機。他們掌舵企業，依賴的即是激勵 2.0 的基本信念：只要提供穩當的飯碗，佐以精細規劃的獎酬制度，員工就會照著老闆和股東的要求做，最後共享繁榮，皆大歡喜。

然而，自一九七○年代開始，羅契斯特大學的校園就在醞釀一場激勵革命。這場革命始於一九七一年。才剛做

完索瑪立方塊實驗的愛德華・戴西，受到心理系和商學院共同邀聘，來到了此間校園。一九七三年，商學院指責戴西攸關獎勵的發現乃異端邪說，一腳將他踢出學院，心理系卻聘任他爲全職教授，爲這場革命增強了力道。一九七五年，戴西出版著作《內在激勵》（*Intrinsic Motivation*），顯示這場革命已是風雨欲來。一九七七年，一個叫作李察・萊恩的學生來到校園就讀研究所，爲它正式揭開了序幕。

大學主修哲學的萊恩差點就被徵召入伍，懷著些許倖存者的罪惡感，他一直在爲患有創傷後症候群的越戰退伍軍人進行診療。他進入羅契斯特大學，是爲了學習做個更好的醫生。某天一場學術研討會上，一位教授提到了內在激勵——接著拍桌怒罵，對這個主題大加撻伐。「我心想，一個題目能激起如此大的反彈，那它一定很有趣，」萊恩告訴我。他找來戴西這本著作，看完後深受吸引，於是邀作者共進午餐。一段不同凡響的研究合作因緣於焉開啓，持續至今。

我不久前見到這兩位既對比又近似的研究搭檔，是在該校堅實的麥麗歐拉教學大樓（Meliora Hall）。戴西高䠷瘦長，膚色白皙，頭髮細而疏。他說話沉穩，令人安心的語調，讓我想起已過世的電視兒童節目主持人羅傑先生（Mr. Rogers）。平直白髮中分的萊恩則是氣色紅潤，多

了幾分熱情。他陳述觀點步步進逼，像個經驗老到的訴訟律師，戴西則是說完後，耐心等著你會意過來——然後點頭同意，讚美你很有想法。戴西宛如收音機裡的古典音樂台，萊恩比較像有線電視。但他們不斷用密語般的學術詞彙互相交談，觀念交流契合無間。這是一對強有力的組合，足以讓他們躋身當代最有影響力的行爲科學家之列。

戴西和萊恩共同建立了「自決理論」（self-determination theory, SDT）。

很多行爲理論都是以人類的一個特定**傾向**作爲核心重點：人類是敏銳的反應者，對負增強（negative reinforcement）和正增強（positive reinforcement）都有靈敏的反應；是精明的私人利益的算計者；對性心理的衝突愚鈍不敏。自決理論正好相反，出發點是一個放諸天下皆準的人類**需求**觀念。該理論主張，人類有三種基本需求：能力、自主和關聯。當這些需求獲得滿足，我們會備受激勵，不但生產力旺盛，而且非常快樂。反之，這些需求一旦受挫，激勵、生產力和快樂便一落千丈。[1]「如果說人類本性有所謂的〔基本〕特質，那就是我們都會被趣味所吸引。某些事物能強化這個本能，某些會削弱它，」某次談話中，萊恩向我解釋。換個說法，這股第三驅力是人人有之。這是身爲人類的意涵之一。但它雖是人類本性的一環，會不會冒出頭來，則要看我們周遭的環境條件是否能

夠支援。

而激勵 2.0 的基本機制對它來說，是阻滯甚過支援。「這真是管理界的大問題，」萊恩說。員工拿不出成績來，一般公司行號通常會訴諸獎懲，「而不去痛下工夫，認真分析癥結所在。這等於是拿胡蘿蔔或棍子來壓制問題，」萊恩解釋道。但這並不表示自決理論堅決反對獎酬的運用。「毫無疑問，獎勵在職場和某些情境下是必要的，」戴西指出。「但用得越不著痕跡越好。拿獎酬來鼓勵某種行為，其實是最讓激勵洩氣的作法。」戴西和萊恩認為，企業界應該轉而致力創造環境，好讓這些內在的心理需求蓬勃發展。

過去三十年來，透過獎助金和指導，戴西和萊恩在美國、加拿大、以色列、新加坡、西歐各國建立起一個囊括數十名學者的網絡。這些探究自決理論和內在激勵的科學家，除了實驗室研究也做田野調查，研究觸角遍及商界、教育、醫學、體育、運動、個人生產力、環保、男女感情、心理或心理健康，幾乎涵括所有領域。他們已發表數百篇研究報告，絕大多數都指向同樣的結論——人類有種內在驅力，渴望自動自發、為自己做決定、與他人產生關聯。當這股內在驅力得到釋放，人的成就更高，生活也更豐富。

自決理論，是人類情境新思維這股重大波瀾的一部

分。引導心理學研究從心理疾患和失調的重心回歸到心理幸福與有效運作的正向心理學運動，或許是這波巨大浪潮中最知名者。在賓州大學教授馬丁・塞利格曼（Martin Seligman）的領導下，正向心理學已集結成一個新的學者兵團，在科學界、經濟學家、治療師和一般民眾關於人類行為的觀念上，留下了深刻印記。我前面提過的米哈里・契克森米哈賴，即是該領域最有影響力的人物之一。契克森米哈賴首部闡述「心流」的書、塞利格曼第一本談這些理論的著作（指出無助感並不是發諸內心，而是學習而來），和戴西的《內在激勵》都在同一年問世。顯而易見，一九七五年的空氣裡瀰漫著一股大事發生的氣息。只是，我們花了一整個世代才肯對它正眼相看。

這群具有新思維的學者領域甚廣，包括史丹佛大學的卡蘿・德威克（Carol Dweck）和哈佛的艾瑪拜爾。幾位經濟學家也在列，最赫赫有名的當屬普林斯頓的羅蘭德・班尼堡（Roland Bénabou）和蘇黎世大學的布魯諾・佛萊，他們正著手將這些觀念運用在了無生氣的科學上。它也囊括了一些本身並不從事激勵研究的學者，尤其是哈佛大學的霍華德・嘉納（Howard Gardner）和塔夫茨大學的羅伯・史登堡（Robert Sternberg）——這兩位學者不僅改變我們對心智和創造力的看法，也為人類潛能帶來更光明的見解。

這群學術人士——並非步伐一致，也非存心故意，甚至並不知道自己正在這樣做——爲一個更有效的新作業系統構築了基礎。在延宕許久之後，時代終於趕上了他們的研究腳步。

字母的威力

辭彙當然舉足輕重，但字母也不遑多讓。梅爾·費德曼（Meyer Friedman）即是例證。也許你沒聽過他的名字，但你一定知道他遺留下來的成就。二○○一年以九十高年過世的費德曼行醫數十年，在舊金山開了一家永遠門庭若市的診所。一九五○年代末期，他和同爲心臟科醫師的同僚雷伊·羅森曼（Ray Rosenman）開始注意到，他們的心臟病患有若干類同之處。這些人特別容易罹患心血管疾病，不止和飲食、遺傳基因有所牽連，也跟他們的生活方式息息相關。費德曼寫道，這些病人呈現出：

特殊的人格特質組合，包括過度爭強好勝、不斷追求成功、欠缺耐心、永遠覺得時間不夠。展現出這種行為模式的人似乎陷溺在周而復始、永無止境、常是徒勞的對抗中——跟自己對抗，跟別人、環境、時間對抗，有時甚至跟生命本身對抗。[2]

　　這些人罹患心臟疾病的機率明顯高於其他人，即使體質、運動方式、飲食習慣和家族病史都類似。為了找個方便又好記的名詞，向醫界同僚和全世界解釋他們的發現，費德曼和羅森曼從字母中得到了靈感。他們將這種行為模式稱為「A 型性格」。

　　A 型性格的截然對比，想當然爾，是 B 型性格。不同於那些老是按喇叭、不停跺腳的「急驚風患者」，B 型性格的人甚少受生活煩擾或因為生活重壓而展現敵意。費德曼和羅森曼兩人於研究中發現，B 型性格的人和 A 型性格者一樣聰明，雄心壯志也不分軒輊，但雄心的展現卻大相逕庭。這兩位心臟科專家以男性語言（當時習氣如此）如是描述 B 型性格：「他或許也有一股豐富的『內驅力』，但這股驅力似乎能讓他更篤定、更有信心和安全感，不似 A 型性格者那樣會受它刺激而心煩意亂，甚至大動肝火。」[3] 因此，降低心血管疾病死亡率、改善公眾健康的關鍵之一，就是協助 A 型性格者向 B 型性格學習。

　　將近半個世紀後，這些名詞依然屹立。這兩個字母有助我們理解人類行為的錯綜複雜，也引導我們走向一種更好、更有效益的生活方式。

　　就在費德曼和羅森曼得到此一發現的同時，另一位美國學者也靠一己之力開闢出一個新領域。道格拉斯・麥葛瑞格是麻省理工學院的管理學教授，將自己豐富有趣的經

驗帶入這份教職。他擁有哈佛心理學的博士學位——而非經濟或工程。此外，他本身實際經營一個組織，這和其他同僚也大不相同。一九四八到五四年期間，他在以實驗課程和工讀制著稱的安蒂亞克學院（Antioch College）擔任校長。

憑著他對人類心理的理解，再加上領導經驗，麥葛瑞格對當代管理學的傳統觀念有了一番新的思索。他認為，企業領導統御最大的問題並不是執行面，而是它所依恃的前提。麥葛瑞格直陳，企業經營者對人性的假定其實是謬誤的，這在他從一九五七年開始以此為題所做的演說，以及稍後於一九六〇年出版的石破天驚之作《企業的人性面》（*The Human Side of Enterprise*）裡，都有著墨。

大部分的領導階層相信，組織裡的員工基本上並不喜歡工作，因此敬而遠之，能免則免。這些面目模糊的下屬懼怕承擔責任，只求安穩，亟需別人告訴他們怎麼做事。因此之故，「大部分的員工必須用懲罰來威嚇、掌控、指使、脅迫，否則他們不會付出足夠的努力而達到組織目標。」但麥葛瑞格指出，也有人持不同觀點來看待員工——就人類情境來說，這毋寧是更正確的評價，也是企業經營更有效的起點。這個觀點主張，對工作感興趣「就跟玩耍和休息一樣自然」，而創意與巧思是人人普遍有之，只要條件適當，員工會欣然接受責任，甚至主動找機會承

擔責任。[4]

　　為了解釋這兩種完全相左的看法，麥葛瑞格深入字母的寶礦，把它的尾巴請了出來。他把第一種和第二種看法分別稱作 X 理論和 Y 理論。他說，如果你從 X 理論出發，無論施展什麼樣的管理技巧，結果必然效果不彰，甚至整個變得荒腔走板。要是你認為「眾人唯平庸而已」──麥葛瑞格的形容詞──，你頂多也只能得到平庸而已。反之，如果你的出發點是 Y 理論，可能性就無限廣闊──不只個人潛能如此，公司財務亦然。因此，要讓企業組織運作得更好，將管理思維從 X 理論轉變成 Y 理論是唯一的途徑。

　　這些名詞同樣也是屹立不搖──麥葛瑞格的學說不久就成了管理學上的一大標章[*]。一幅畫可能勝過千言萬語，不過，有時候力量還不及兩個字母。

　　因此，容我攀在費德曼以降乃至於麥葛瑞格等學者的肩膀上撐高一跳，也用字母為各位介紹我自己對於人性激勵的想法。

---

[*] 可惜的是，它在課堂上的影響力要大過在董事會。許多企業確實在實務上慢慢往 Y 理論的方向偏移。但甚至到了今天，當你跟許多經理人談話，他們說出口的（以及私底下抱持的）假設前提，往往還是一九六〇年麥葛瑞格所描述的 X 理論。

I 型行為與 X 型行為

　　X 型行為的燃料來源，來自於外在欲望的要多過內在驅力。激勵 2.0 版作業系統既是依附在這種 X 型行為上，也助長了這種行為；它的關注焦點是某行為帶來的外在獎酬而非該行為所激發的內在滿足。激勵 3.0 作業系統──為因應新的現實情境，我們在人類行為的組織、思維和實踐上亟需得到的升級版──，則是以 I 型行為作為基礎。I 型行為的燃料來源，來自於內在驅力的要多過外在欲望；它的關注焦點是行為本身的內在滿足而非行為所帶來的外在獎酬。X 型行為的核心是第二驅力，I 型行為則是第三驅力。

　　我們已開始感覺到，我們的企業界、我們的生活甚至整個世界出了差錯。要正視這種感覺，以對症下藥、強化組織體質、擺脫這十年來的低迷成就，就必須從 X 型行為轉變成 I 型行為（我用這兩個字母，一方面是取其字首來象徵「內在」〔intrinsic〕與「外在」〔extrinsic〕的意義，一方面也是向麥葛瑞格致敬）。

　　無可諱言，把人類行為簡化成兩個類別，勢必得犧牲某些程度的精細。更何況，沒有人會在每天日常生活中每分每秒都展現出純粹的 I 型或 X 型行為，絕無例外。不過，我們確實具備某些特定而且往往是非常清楚的傾向。

　　你可能懂得我的意思。想想你自己。當你做一些讓你

感到活力十足的事——讓你早上願意起床、驅動你走完一整天的事——，那個感覺是源自內在還是來自外在？你的伴侶、搭檔或小孩又是如何？你周遭的同事呢？如果你跟我交談過的大多數人沒有兩樣，那你應該很快就能感受到某個人屬於哪個類型*。

我並不是說 X 型行為的人做事永遠不會顧及內發的樂趣，I 型行為者對所有外在的好東西也不會一概敬謝不敏。不過，X 型行為者的激勵主要來自外在獎酬；他們也歡迎內心的滿足感，只是視之為次要。I 型行為者的主要激勵則是行為本身帶來的自由感、挑戰感和目的感。若有其他利益，他們也會欣然接納，只是基本上會視之為意外驚喜。

這兩種行為還有幾個重要分野，在進一步討論之前，我們應該銘記在心：

---

*你甚至可以找你不認識的名人當試驗品，看你同不同意這些論斷。安隆集團前執行長傑夫·史基林（Jeff Skilling）是 X 型；創辦波克夏（Berkshire Hathaway）的股神華倫·巴菲特（Warren Buffett）是 I 型。義大利作曲家安東尼奧·薩里耶利（Antonio Salieri）是 X 型；莫札特是 I 型。身價萬貫的房地產大亨唐諾·川普（Donald Trump）是 X 型；比他更有錢的主持天后歐普拉·溫芙瑞（Oprah Winfrey）是 I 型。奇異公司前執行長傑克·威爾契（Jack Welch）是 X 型；創立綠色企業英特飛公司（Interface Grobal）的雷·安德生（Ray Anderson）是 I 型。毒舌音樂評審賽門·考威爾（Simon Cowell）是 X 型；工人歌手布魯斯·史匹斯汀（Bruce Springsteen）是 I 型。想要分析得更精細，請參閱書末的「I 型工具箱」，你可在此找到免費的線上評鑑，看自己屬於哪個類別。

I 型行為並非先天既定，而是後天造成。這些行爲模式並不是一成不變的特質。它們是從環境、歷練和背景孕育出來的。I 型行爲，由於一部分是源自普遍的人性需求，跟年齡、性別、國籍並不相關。科學證據指出，一旦學到了基本功和態度——並在支持鼓勵的環境裡發揮出來——他們的激勵程度和終極表現都會一飛沖天。任何 X 型行爲者都可能變成 I 型行爲者。

長期來看，I 型行為者的整體表現十之八九都勝過 X 型行為者。比起追逐獎酬的人，受到內在激勵的人通常成就較高。可惜的是，短期不見得如此。心無旁鶩、眼裡只有獎賞，確實能夠產生速效。問題是，這種作法很難持久，而且無益於專精——長遠來說，這才是成就感的泉源。證據顯示，最成功的人通常不會直接去追求傳統觀念上的成功。他們之所以認眞努力、披荊斬棘奮鬥不懈，是因爲內心有股欲望——希望掌握自己人生、認識這個世界、完成一些能夠流傳久遠的東西。

I 型行為者並不鄙視金錢或外界的肯定。X 型行爲者和 I 型行爲者都在乎錢。如果哪個員工拿到的待遇沒有到達我在第二章中描述的基準獎勵，例如，組織給的薪資過低或跟做類似工作的人相比並不公平，無論這人是 X 型

或 I 型行為傾向，工作激勵勢必都是千瘡百孔。然而，只要待遇達到標準，金錢對 X 型行為者的意義就截然不同於對 I 型行為者。I 型行為者不會拒絕加薪，拿到薪水支票也不會不去兌現，但薪資的公平與適度之所以攸關重大，原因之一是他們可以就此把錢的問題置之度外，全神貫注於工作本身。對比之下，不少 X 型行為者則是把金錢本身視為目的；這是他們肯做事的原因。讚賞也相類似。I 型行為者喜歡別人肯定他們的成就，因為肯定是一種回饋。只是他們並不把肯定本身當成目的，這是他們與 X 型行為者的不同。

I 型行為是可以重複補充的資源。請把 I 型行為想成是太陽，X 型行為想成是煤炭。近代以來，煤炭一直是最廉價、最容易取得也最有效率的能源。不過，煤炭有兩個缺點。第一，燃煤會造成空氣污染和溫室效應等不良副作用。第二，它的資源有限；而今煤炭的取得日漸困難，價格也逐年攀升。X 型行為和煤炭很類似。強調獎賞和懲罰，會耗盡它的外在資源（如第二章所述）。另外，條件式的獎酬註定會越來越昂貴。反觀 I 型行為，由於它是以內在驅力作為基石，不但易於補充，也無產生弊害之虞。就激勵而言，它就像是一種乾淨的能源：不貴，使用安全，而且取之不盡、用之不竭。

I 型行為能促進更高程度的身心健康。 根據眾多自決理論學者的研究報告，相較於依靠外在酬賞作為動力的人，以自主性與內發驅力作為激勵的人，不但自尊程度較高、人際關係較好，整體幸福感也更勝一籌。兩相對比，以追求金錢、名利或美貌作為核心動力的 X 型行為者心理健康較差。X 型行為和 A 型性格之間甚至也有關聯。戴西發現，對掌控和外在獎酬念茲在茲的人，在公共場合裡自我意識較強、防衛心較重，展現 A 型性格的可能性也比較高。[5]

歸根究柢，I 型行為的養分來自三個元素：自主、專精和目的。I 型行為是種自我指引的行為。認為一件事情舉足輕重，他們就會全心投入求取進步，讓自己更上層樓。這股追求卓越的精神也使得他們與更大格局的目的產生了連結。

有些人或許嗤之以鼻，認為這樣的觀念太理想、太夢幻，但科學指出其實不然。科學證據顯示，這類行為就人類天性而言極其必要——而且，在這個瞬息萬變的經濟年代，無論是專業、個人或組織層面，成敗也都繫之於它。

我們面臨一個抉擇。我們可以緊抓著老舊的激勵觀念不放，埋首於舊習而罔顧現代科學。或者，我們可以傾聽研究發出的聲音，將企業慣性和個人習性雙雙導入二十一

世紀，形塑出一個有助於自己、企業和世界運作得更好的嶄新作業系統。

　　抉擇並不容易，它不可能一蹴可幾。所以，我們就此動身吧。

第II部

三大要素

自主

我已經看到未來——而且效果卓著。在二十四小時熱鬧滾滾的澳洲雪梨，它有效。在加州山景市以游擊式的方案運作，它有效。在維吉尼亞州的夏洛特斯維爾（Char-lottesville），只要它高興，什麼時間地點也都有效。它**之所以**有效，是因為它的**作法**有效。在經濟體系的幾個邊陲地帶，自我導向的風潮方興未艾，正——緩慢但無情地——坐上傳統管理思維讓出來的位置。

因此，在夏洛特斯維爾，一個飄雨的星期五，剛過正午，執行長傑夫‧岡瑟（Jeff Gunther）的員工只有三分之一來上班。不過，這位創辦人、管理者兼資本家，既不

擔心也沒發火。事實上，他老僧入定一般，既專注又冷靜。這或許是因為他自己也是約莫一小時前才踏進辦公室。也或許是因為他知道，他的屬下並沒有偷懶摸魚。他們正在工作——只是以自己的方式。

岡瑟總共經營三家企業，專門研發電腦軟體硬體以協助醫院診所整合資訊系統的梅迪耶斯（Meddius）是其一。二○○九年年初，他在這家公司展開了一個員工自主的實驗，將它轉變成 ROWE——只問結果的工作環境（results-only work environment）。

只問結果的工作型態，是曾任全球最大 3C 零售商 Best Buy 人力資源部門主管的卡莉·雷斯勒（Cali Ressler）與裘蒂·湯普森（Jody Thompson）的智慧結晶。ROWE 的中心原理是兩種觀念的結合，既涵蓋富蘭克林的務實常識，也帶有草根運動領袖紹爾·艾林斯基（Saul Alinsky）亟欲掙脫桎梏的激進。在這樣的工作環境裡，員工沒有行事曆。他們什麼時候想來就來，不必某段時間非待在辦公室不可——甚至任何時間都不必。他們只要把工作做好就好，至於怎麼做、什麼時候做、在哪裡做，一概悉聽尊便。

才三十歲出頭的岡瑟深受吸引。「所謂管理，並不是要你在辦公室裡走來走去看員工在不在，」他對我說。管理的精義在於創造條件，好讓員工拿出最好的成績來。因

此，他的管理鎖鏈向來很鬆。然而，隨著梅迪耶斯不斷擴張，岡瑟開始找新的辦公室地點，他開始想，那些才華洋溢、早已長大成人、工作技術也極其熟練的員工，說不定根本無需任何鎖鏈。因此，二〇〇八年十二月，他在公司的聖誕餐會上做了一項宣布。從新年度開始，這家共計二十二人的公司要全面嘗試一個長達三個月的實驗——變成一個只問結果的工作環境。

「一開始他們格格不入，」岡瑟說。一如以往，每天早上九點辦公室依舊人滿為患，一到傍晚就像空城。有幾個曾在嚴格管控環境裡待過的職員很不習慣這樣的自由（其中一人的前東家要求員工八點一定要抵達辦公室。如果哪個人遲到，即使只遲個幾分鐘，也得寫報告解釋緣由，讓大家傳閱）。不過，數星期後，大部分員工都找到了自己的節奏。生產力攀升，緊張趨緩。雖然有兩個員工不喜歡這樣的自由而離職，實驗期結束後，岡瑟決定永久實施。

「有些人（不是公司的人）以為我瘋了，」他說。「他們問：『要是員工不來辦公室，你怎麼知道他們在做什麼？』」可是，在他看來，這個團隊在新政策之下反而完成更多的事情。一個原因是：他們會把注意焦點放在工作本身，不必分神去想，要是下午三點就離開去看女兒學校比賽足球，會不會有人說他摸魚。而且，絕大多數的員

工做的都是軟體開發、設計等高度創意的工作，這點尤其舉足輕重。「對他們來說，這純粹是你有沒有本事的問題。他們需要高度的自主。」

他的員工還是得達成某些目標，例如限期內要趕完某個案子或做到一定數字的銷售額。當他們需要協助，岡瑟會隨時準備伸出援手，但他反對把目標和薪酬待遇綁在一起。「這樣會創造一種凡事向錢看的文化，對工作卻關切不足。」岡瑟相信，金錢只是「激勵的入門階」。他說，你必須給員工不錯的待遇，足夠讓他們和家人生活無虞。不過，一旦公司做到了這個基本條件，金錢對績效和激勵就不再那麼舉足輕重。確實，岡瑟認為，在只問結果的工作型態下，員工因為高出一萬甚或兩萬美元薪水而跳槽的可能性大為減低。因為擁有自由而做出好成績，不但比提高薪酬更可貴，兩者也更難相提並論——員工的眷屬、搭檔、家人都是這種工作型態最堅貞的擁護者。

「隨著我這種年紀的企業主越來越多，會有更多的公司改弦易轍，轉而採用這種工作型態。在我父親那一輩，人被看成是一種人力資源，是你蓋房子需要的那種微不足道的磚塊。」他說。「但對我來說，員工和我是夥伴關係。他們不是什麼資源。他們是搭檔。」而搭檔，就跟你我沒有兩樣，都有需要主導自己的生活。

是玩家還是棋子？

有時候我們會忘記，「管理」的發端並非源於大自然。管理不像一棵樹或一條河；它毋寧更像電視或腳踏車，是人類的發明。一如策略大師蓋瑞・哈默爾（Gary Hamal）所稱，管理是一門科技。而就跟激勵 2.0 一樣，這門科技已經露出老態，搖搖欲墜。一些企業雖然會替它的齒輪上點油，更多公司卻是光說不練，百年來核心管理模式一直沒有多大改變。它的中心思想依然在於掌控，主要工具依然是外在的誘因，因此跟當今全球眾多經濟體系都要憑恃的非規律性、側重右腦的能力難以同步。傳統管理模式的缺點已是如此昭顯，但它有可能每下愈況嗎？而管理，就其當前的結構而言，跟真正的人性是否有所扞格呢？

管理（意指對人而非對其他事物如產品供應鏈的管理）的概念，是建立在某些攸關被管理者本質的前提假設上。它的假設是：人必須外力推動才會行動或前進——要是沒有獎酬或懲罰，我們會正中下懷，樂得因循怠惰。它同時也假設：員工一旦動起來就需要指引——沒有堅定可靠的引導，他們會無所適從。

可是，這真的是人類的根本天性嗎？或者，再拿電腦做比喻，這真是我們的「基本設定」嗎？當我們來到人世，難道與生俱來就有被動、怠惰的迴路？或者，我們的先天迴路其實是積極而進取？

　　我相信是後者。我相信,人的本性是好奇的,會自己導引自己。我這樣說不是因為我是個天真的理想主義者,而是因為常跟小孩在一起,而我跟我太太自己也有三個小孩。你可曾看過哪個**不**好奇、**不**愛自己做主的半歲或一歲嬰孩?我可沒見過。人類之所以出類拔萃,即是因為如此。如果我們到了十四歲或四十三歲變得又被動又怠惰,並不是因為天生如此,而是某樣東西破壞了我們的基本設定。

　　這樣東西可能是管理 —— 不單是老闆對待我們的方式,也是更廣義、水蛭般鑽附在學校、家庭和生活其他許多層面不放的觀念。或許,管理並不是在對我們被假設成被動怠惰的天性**做出回應**。或許,管理是轉換了我們基本設定的力量之一,從而**製造出**那樣的狀態。

　　請注意,它並不像乍聽之下那般居心叵測。以經濟生存之名而壓制部分的天性,有可能是明智之舉。我的祖先曾經這樣做,你的祖先也是。甚至於現代社會,當我們別無選擇,有時也會這麼做。

　　可是,當今的經濟成就 —— 個人成就更是不在話下 —— 依恃的,往往是不同的作法。當今經濟之所繫不再是淹沒我們的天性,而是讓本性浮出檯面。你必須抗拒掌控員工的誘惑,轉而竭盡所能,喚起他們深植於內心的自主本能。這份渴望自己做主的內在能力,即是激勵 3.0 和 I

型行爲的核心要件。

基本的人性是自
動自發的，這是自決
理論（SDT）的中心
要義。前章解釋過，
戴西和萊恩把自主列
爲人類三大基本需求

> 「對創意團體來說，最極致的自由是隨心所欲，能夠對新的構想自由進行實驗。有些人不信這一套，總說創意研究過於昂貴，但長遠來看，創新研究很便宜，平庸的代價才昂貴——自主或許就是解藥。」
>
> ——湯姆·凱利（Tom Kelley）
> 世界知名創新領導公司 IDEO 總經理

之一。論重要性，它於三者中居於首位，有如被自決理論的行星圍繞著旋轉的太陽。一九八〇年代，隨著研究進展，戴西和萊恩將行爲的歸類從外驅或內驅之分轉換爲受控與自發性之別。「自發性激勵，意指行爲乃出於意志和選擇的完整意識，」他們寫道，「而受控激勵，則是指行爲乃受到必須達到某些結果的壓力與要求所致，是非屬於自我的外力使然。」[1]

在他們看來，自主跟獨立是不一樣的。自主，並不是草莽不馴、誰也不靠、單槍匹馬、美國牛仔式的個人主義。它的意涵是出於自由抉擇的行動——這表示我們既能自動自發，也能快樂地與他人互依共存。獨立的觀念有其國家和政治背景，而自主與其說是西方思維，不如說是人類共通的概念。研究學者發現，自主性高低攸關整體幸福感，不只北美、西歐如此，俄國、土耳其、南韓亦然。社會學家也發現，即使在極度貧窮的非西方地區，如孟加

拉，人民也會汲汲於追求自主，改善生活。[2]

自主意識對個人表現和態度具有強大的影響力。新近許多行為科學研究指出，對在學學生，自發性激勵可以促進概念性的理解能力，導致成績更好、更有毅力，體育運動方面，不僅身心俱疲現象變少，生產力和心理滿足亦雙雙提升。[3]這些效應也延伸到工作職場。二〇〇四年，戴西和萊恩與福特翰姆大學（Fordham University）的保羅·巴爾德（Paul Baard）合作，以美國投資銀行為對象進行一項工作研究。這三位學者發現，上司如果對「自主表示支持」，部屬的工作滿足感較高。這些主管會從員工角度來看問題，會提供言而有物的回饋和資訊，對於該做什麼、如何做事給予充裕的選擇空間，並鼓勵員工嘗試新的企劃案。其成果即是工作滿足感的提升，進而導致更好的工作績效。不只如此，自主性除了嘉惠員工，組織也雨露均霑。例如，康乃爾大學的學者針對三百二十家小型企業進行研究，其中一半給予員工自主，一半則屬由上而下的發號施令型態。相較於掌控導向的企業，放任員工自主的企業不但成長率高出四倍，離職率也僅有三分之一。[4]

可嘆的是，太多的企業依然節節落於科學之後。到頭來，二十一世紀的管理觀念泰半還是停留在員工是棋子而非玩家的前提上。僅舉一例，英國經濟學家法蘭西斯·格林（Francis Green）對於英國生產力下滑、工作滿意度日

低做出解釋，指個人工作上缺乏自由處理權即是主要原因。[5] 大體而言，管理措施依然是以監督、條件式獎酬和其他掌控導向型態為重心。即使是較為溫和、仁慈、會輕聲細語說些「賦權」和「彈性」這類詞彙的激勵 2.1 版，也是如此。

確實，就拿「賦權」觀念來說，它的假設是：組織為權力的擁有者，施惠般分個一杓兩杓給感激不盡的員工。然而，這並不是自主，只是稍微文明一點的掌控型態。或者，再舉受到管理界熱烈擁抱的「彈性工時」為例。雷斯勒和湯普森稱之為「騙局」，她們說的沒錯。所謂彈性，只是把圍籬的空間加寬、偶爾把門打開一下，比起披著羊皮的掌控行徑來，也只是五十步與百步之別。這些詞彙本身所反映的假設前提，不管跟時代氛圍或人類情境的本質都是背道而馳的。簡單一句話，管理非但不是對策，它本身就是問題。

或許，該是把「管理」這個辭彙拋掉，讓它和「冷藏庫」（譯註：icebox，冰箱發明之初的別稱）、「無馬馬車」（譯註：horseless carriage，汽車誕生之初的名稱）這些已經積灰的語言一起塵封起來的時候了。這個時代需要的並不是更好的管理。它需要的是一場自主精神的文藝復興。

四個組件

二○○二年，兩個乳臭未乾的澳洲大學生史考特·法
夸（Scott Farquhar）和麥克·坎南布魯奇斯（Mike Can-
non-Brookes）才出校門，就用信用卡借得一萬美元成立
了一家軟體公司。他們期許自己向希臘神話中以肩頂天的
巨人阿特拉斯看齊，於是取了個大膽的名字：Atlassian
——他們打算創立一家公司，和軟體界的一些金字大招牌
分庭抗禮。在當時，這個舉動有如得了失心瘋，今天看來
卻充滿勵志意味。Atlassian 結合出色的電腦專業和聰明的
商業運作，如今每年獲利約在三千五百萬美元之譜，雪
梨、阿姆斯特丹、舊金山皆有據點，僱用員工近兩百人。

但是，跟所有優秀的創業家一樣，坎南布魯奇斯的生
活總是被不滿足的雲層所籠罩。他看過許多成功企業變得
死氣沉沉，希望自己不會重蹈它們的覆轍。為激發團隊更
高的創造力，也為了讓他們樂在工作，他決定鼓勵這些程
式設計師花一天時間自選一個想做的題目進行研發——任
何題目、即使不屬於日常工作範疇的也可以。

這個別出心裁的休假日催生了數種新產品的構想，對
原有產品的修正與改善更是不計其數。坎南布魯奇斯決定
讓這個政策成為永久的公司文化。如今，每三個月，他的
公司會騰出一整天放任工程師做任何他們想做的軟體題目
——只是這一回，「為了讓他們脫離日常軌道」，題目一

定要不屬於日常工作範圍的才行。

這樣的一天會在某個週四下午兩點開始。這群程式設計師，包括坎南布魯奇斯本人，開始推敲新密碼或試圖漂亮破解某個難題——任何方式、跟什麼人合作都行。很多人通宵達旦地工作。然後，週五下午四點，全體舉行一場熱鬧非凡的會議，在滿屋的冰啤酒和巧克力蛋糕中，把成果呈現給眾人。這二十四小時自由和創造力的大爆發，被 Atlassian 的同仁冠以「聯邦快遞日」（FedEx Days）的稱號，因為他們必須在一夕之間把貨物送達。幾年下來，這個與眾不同的小小舉措，為他們的軟體製造出林林總總的補強——若是沒有它，這樣的結果永遠不會出現。一個軟體工程師說：「我們一些最酷的產品構想都是從『聯邦快遞日』醞釀出來的。」

這不是一種按績效計酬、以激勵 2.0 冰冷僵硬的前提假設作為基石的計畫。這是個自主導向和另一選項——激勵 3.0——的曲調旋律琴瑟和鳴的計畫。「我們以前的立場一直是：重賞之下必有勇夫，」坎南布魯奇斯對我說。「要是你給的待遇不夠高，你就留不住人才。可是，除開這一點，金錢並不是一個激勵因素。其他這些特色才是關鍵。」一些勇於面對未來的企業發現，自主性即是這些舉足輕重的特色之一，尤其是四個工作層面上的自主：做什麼工作、什麼時候做、用什麼方式做、與什麼人合作。一

如 Atlassian 的經驗所示，只要在四 T 上具備自主——**工作內容**（Task）、**工作時間**（Time）、**工作方式**（Technique）、**團隊夥伴**（Team）——，I 型行為自然水到渠成。

工作內容

坎南布魯奇斯還不滿足。聯邦快遞日效果良好，但有個先天弱點。「你在二十四小時內建構出某樣東西，卻沒有更多的時間去鑽研，」他說。因此，他和另一位創辦人法夸決定，對員工的自主加倍押注。他們在二〇〇八年春季宣布，接下來的半年內，Atlassian 的研發人員可以花百分之二十的工作時間——不再是嘔心瀝血的一日而已——，自選任何一個想做的題目進行研發。一如坎南布魯奇斯在部落格裡的貼文，他這樣對員工解釋：

　　一個起步企業的電腦工程師必須無所不能——他（她）是全職的軟體設計師，還得兼做產品經理人、客戶服務高手、內部系統專家。這些工程師雖然希望產品具備某些他們個人喜歡的特色，但隨著企業成長，他們投入研發的時間變少了。我們希望，百分之二十的時間政策能將大量時間還給工程師，好讓他們全心投注於他們認為最重要的地方——創新產品、特色研發、改正修訂、安裝或微

調——任君選擇。[6]

　　這個作法其實源自一個堅實的傳統和一個為人熟知的現代語彙。它的先行者是美國公司 3M。一九三○、四○年代，3M 的總裁兼負責人是威廉·麥克奈特（William McKnight）。麥氏謙沖自抑，而他高瞻遠矚的思維也同樣令人敬佩。他深信一個簡單、當時堪稱顛覆的信條：「僱用優秀人才，然後放手讓他們發揮。」早在企業管理者對「賦權」趨之若鶩而讓它蔚為風潮以前，麥克奈特已經起而行，為自主做了一個比賦權更有力的示範。「我們把權責授予這些男女員工，如果他們夠優秀，自然會希望用自己的方法來做事，」他在一九四八年寫道。[7] 他甚至鼓勵員工從事他所謂的「實驗性的打混」。

　　隨著這些不同於凡俗的念頭在心裡落地生根，這位難以想像的企業異端分子頒訂了一個新政策：3M 的研發員工可以用百分之十五的工作時間，投入自己有興

「身為創業家，我非常幸運，對於工作內容、時間、方式和共事的團隊擁有百分之百的自主。問題是，要是我堅持保有這樣的自主，我註定會失敗。我不會殫精竭慮。我不會出類拔萃。我不會專心一意。到頭來，我不是推不出產品，就是產品被市場拒絕。選擇你的極限所在，是這個行業的藝術。這才是我最珍惜的自主。挑選自我界線的自由。」

——行銷大師賽斯·高汀（Seth Godin）
全球最受歡迎的行銷部落格主，《部落》（Tribes）、《紫牛》（Purple Cow）等暢銷書作者

趣的研究領域。此一創舉和激勵 2.0 之下的習見措施完全
背道而馳，看似違法犯紀，因此公司內部都以「釀私酒政
策」名之。然而，它成功了。這方有圍牆環繞的自主園地
很快就成了沃土肥田，在創意發想上大有斬獲——包括如
今隨處可見的便利貼（Post-it notes）。就拿它的發明者亞
特·福萊（Art Fry）為例，這種貼紙並不是他在一般上班
時間內得到的構想，而是這百分之十五的時間。今天，便
利貼是巨大的生意：3M 總共推出六百多種便利貼商品，
暢銷百餘國（它對文化的影響力或許更大。試想，要不是
麥克奈特這樣早就推動自主，今天這個世界就不會有任何
可供我們貼在電腦螢幕上的黃色小便條紙。想來就令人不
寒而慄）。3M 一位前研發部主管指出，即使在今天，該
公司大部分的發明依然是從釀私酒時間和實驗性的打混時
間裡冒出來的。[8]

　麥克奈特的創新發想在 3M 依然固若磐石。然而，雖
然事實證明它卓然有效，朝著此一方向行進的企業卻少得
令人意外。它的擁抱者當中，最知名者莫過於谷歌
（Google）。谷歌早就鼓勵工程師一週花一天時間投注在
一個非主要的企劃案上。有些谷歌人會用這段「百分之二
十時間」改進現有產品，但大部分的人都用以研發嶄新的
構想。當然，谷歌並不會把智慧財產權讓渡給於百分之二
十時間內研發成功的發明者——此舉甚是明智，通常來

說，每一年度總有五成以上的新產品都是因這段完全自主的時間而問世。例如，克里希納‧哈拉特（Krishna Bharat）因為難以在線上找到新的新聞報導深感挫折，於是在他的百分之二十時間內創造了 Google News，如今這個網站每天都吸引數百萬訪客上門。Gmail 的創始人保羅‧布切特（Paul Bucheit）現已離開谷歌，但這個目前堪稱全球數一數二通用的電郵網，也是他於百分之二十時間內做成的案子。谷歌許多其他產品的誕生也大同小異，僅舉數例：Orkut（谷歌的社交網路軟體）、Google Talk（即時通的訊息傳遞）、Google Sky（可讓喜歡太空的用戶瀏覽宇宙照片）、Google Translate（行動裝置專用的翻譯軟體）。拿自己百分之二十時間鑽研混合動力車效率的亞力克‧布勞德弗特（Alec Proudfoot）上電視受訪時說：「谷歌幾乎所有的好點子都是在百分之二十時間裡冒出泡泡的。」[9]

　　回頭說 Atlassian。百分之二十時間的實驗看來是成功了。在長達一年的嘗試期中，開發部門共有四十八個新專案起飛。因此，二〇〇九年，坎南布魯奇斯決定讓工作自主成為 Atlassian 工作環境的一個永久特色。並不是每個人對這個決定都如魚得水。據坎南布魯奇斯私下估計，光是在七十個工程師身上實施半年的百分之二十時間，就相當於百萬美元的投資。公司的財務總管嚇壞了，而若干專

案管理人——雖然 Atlassian 思維堪稱前瞻，但用的還是一般詞彙——並不開心，因為這表示他們必須把部分控制權下放給部屬。有幾位甚至想要追蹤員工時間，以確定他們沒有濫用這個特權，結果被坎南布魯奇斯打了回票。「管太緊了。我願意當工程師的後盾，相信他們會好好做事。」更何況，他指出，「大家在百分之二十時間內的效率遠高於一般工作時間。他們說，『我不會無聊到去看新聞貼文或上臉書這樣的事。』」

這段期間，要是哪個負責財務的先生小姐抗議這樣做所費不貲、汗珠不斷從綠色眼影下滴落，坎南布魯奇斯早已備好答案：「我就給他看我們洋洋灑灑的成績。我會讓他看到，開發部門的員工流動率是零。我讓他看到，我們的工程師鬥志高昂，一心一意以改良產品、做到盡善盡美為念。」

激勵 3.0 對於工作的態度與作法有幾個不可或缺的層面，工作內容的自主是其一。而它不只是科技公司的專利。例如，華府喬治城大學醫院裡，不少護士可自由進行自己的研究計畫，連帶改變了醫院的多項規定與政策。[10] 讓員工自主，可以在許多領域發揮效用——並有望成為研發創新甚至組織變革的泉源。

在服務客戶、運貨卸貨、解決疑難雜症這一堆日常工作的胃納裡，實行聯邦快遞日和公司認可的附屬計畫這類

需要主動進取的方案，並不見得容易。然而，每個藝術家或設計師都會同意，在當今這個要求非規律性、創新求變、構思能力的經濟體制下，這樣的方式已成為當務之急。工作內容的自主之於他們的創造力，長久以來便是舉足輕重。優秀的領導者（相對於能幹的「管理者」）打骨子裡便深明此理。

在美國家具業典範的雅浩家具（Herman Miller）擔任設計總監達數十年的喬治·尼爾森（George Nelson）即是例證。尼爾森曾經揭櫫五條他相信可以創造出偉大設計的簡單原則。其中一條，可以視為提倡工作內容自主的 I 型精神的呼應：「你要做什麼，你決定。」

工作時間

你可曾想過，整體來說，律師為什麼總是那樣愁雲慘霧？社會科學學者曾經提出解釋，指出原因有三。第一，與悲觀心態有關。悲觀，幾乎註定要跟心理學家所稱的低度「主觀幸福感」畫上等號。大部分的職業也會受到悲觀戕害，但一如馬丁·塞利格曼所寫：「一個明顯的例外是：悲觀主義者在法律上比較出色。」換句話說，讓一個人比較不快樂的態度，反而會讓這人成為一個優秀的律師。[11] 原因之二是，其他大部分的行業，總數都是正數；如果我賣給你一個你想要的東西，雙方皆大歡喜。對比之

下,法律這一行常是（雖非一概如此）一種零和遊戲:有人贏就會有人輸。

不過,或許第三個原因才是最好的解釋──也讓我們明白,何以展現出 I 型行為的律師有如鳳毛麟角。律師時常面對嚴苛的要求,「決定幅度」──行為科學家用這個辭彙形容一個人擁有的選擇或認知的選擇──卻相對狹小。某個意義來說,這是換個方式來形容自主性,而律師多半愁眉不展、脾氣暴躁,就是因為沒有太多的自主性。他們的自主性很早就被剝奪了。二〇〇七年,一項以兩所美國法學院為對象的研究發現,學生整體的幸福感在攻讀法學院的三年期間一落千丈──很大的原因是他們對自主性的需求受挫所致。但在選課、作業內容、教授關係上擁有較大自主權的學生,下滑幅度不但沒那麼陡峭,甚且課業成績較好,執業考試的分數也較高。[12]

遺憾的是,私人執業律師這一行的核心:按時數計薪,或許是你能想到的最能摧毀自主性的機制。大部分的律師──在有名的大事務所,幾乎是所有律師──必須時時（常以六分鐘為單位）留意時間,如果可計費時數不夠,就

> 「談到我的成功關鍵,沒有比掌控自己時間表更重要的了。從清晨五點到九點,是我創意最泉湧的時刻。要是我有老闆或同事,我的最佳時刻勢必會被他們破壞無遺。」
>
> ──史考特·亞當斯（Scott Adams）
> 《呆伯特》（Dilbert）系列漫畫創造者

有可能飯碗不保。結果,他們的注意焦點在所難免地就從工作**成果**(解決客戶問題)轉移到**投入**的心力上(盡可能累積可報帳的時數)。如果時間是報酬之所繫,這些事務所求仁得仁,得到的就是大把時間而已。這類攸關重大、可量化的目標,可能使得內在激勵流失、讓個人主動進取的精神委頓,甚至助長不道德行為。「如果一個律師被期待每年至少要做到兩千小時的收費,」前美國最高法院首席大法官威廉·藍奎斯特(William Rehnquist)嘗言,「虛增實際投入的時數勢必是很大的誘惑。」[13]

　　按時數計薪是激勵 2.0 的遺緒。對規律性工作來說,不管是把車門裝上車體或在簡單的稅務表格上加加減減,按時數計薪有它的道理,因為投入時間和最後成果之間有密切的關聯。而如果你一開始就假定員工的基本天性是偷懶摸魚,虎視眈眈盯緊時間確實能讓他們戰戰兢兢。

　　然而,按時數計薪的制度在激勵3.0卻難有容身之地。非規律性的工作,包括執法工作,付出的時間和成果之間既無規則可循,也難以預計。試想,要求發明家狄恩·卡曼(Dean Kamen)或影后海倫·米蘭(Helen Mirren)按時收費,那會是什麼景況。如果我們是從另一種比較正確的假設——員工都希望好好工作——出發,我們就應該讓他們把關注焦點放在工作本身,不去管工作得花多少時間。如今已有幾家法律事務所朝著這個I型行為的

新方向移動——施行統一費率而非按時數計薪——，一如
紐約一家大法律事務所某合夥人最近所宣布的：「該是把
按時數計薪制度甩開的時候了。」[14]

　　若要為按時數計薪制度找個對比，那麼傑夫・岡瑟在
他公司所引進的只問結果的工作環境即是。全球龍頭電子
產品商店 Best Buy 是世上第一家實施 ROWE 制度的企業
——不是在各分店，而是在它的總部辦公室。一如 3M 的
百分之十五時間，卡莉・雷斯勒和裘蒂・湯普森的這個實
驗在實施之初，也被看作是離經叛道——這兩位先驅我前
面提過，而她們自此成為 ROWE 專家，在世界各地傳揚
自主性的福音。Best Buy 設於明尼蘇達州里奇菲市
（Richfield）的總部大樓架式十足、深具現代感，門房接
待、咖啡廳、乾洗店一應俱全。但該公司也因超時工作、
上司處處掣肘而惡名在外，為此它也付出了人才流失的代
價。雷斯勒和湯普森這個奇特的提案，因為鼓勵「員工真
正做出貢獻，而非僅是身在辦公室卻鎮日打混」，[15]獲得
了當時擔任執行長的布萊德・安德森（Brad Anderson）低
調首肯。

　　如今，在 Best Buy 總部，以 ROWE 為據、沒有上班
時間表的人比固定時刻上班的員工還多。雖然電子零售業
競爭激烈無比，Best Buy 在市場與人才爭取方面，皆已打
下自己的一片江山。《哈佛管理評論》（*Harvard Busi-*

ness Review）刊載了該公司實施ROWE的成果，作者塔馬拉·艾瑞克森（Tamara Erickson）寫道：

受薪員工該花多少時間把工作做好，自己就會付出多少時間。按時計酬的員工需要遵守某個固定工作時數，以符合聯邦勞工法規，但他們可以選擇何時工作。員工指稱，自從實施這種制度後，他們和家人朋友的關係變好，公司忠誠度提升，工作更專注也更有活力。不但生產力有三成五的增長，主動離職率也比未做改變的團隊低了三百二十個基點。員工說，他們並不知道自己的工作時數有無增減——他們早就沒在計算了。[16]

在時間上沒有主導權，要擁有生活自主不啻是天方夜譚。幾家 I 型組織已慢慢體認到這個人類情境的現實，開始據以修訂制度。毫無疑問，未來會有更多企業跟進。「在過去，工作的定義主要是看你花多少時間投入，其次看工作成果。我們必須改變這個模式，」雷斯勒告訴我。「無論你從事什麼行業，都該是把遲到單、時鐘和過時的工業時代思維拋掉的時候了。」

工作方式

當你撥打客服專線詢問有線電視帳單或訂購的果汁機

下落，這通電話通常會在一個不起眼的大空間響起，我們稱爲話務中心。接電話的人，客服人員是也，工作並不輕鬆。在櫛比鱗次的狹小隔間裡，他（她）通常頭戴耳機，身邊一杯低卡飲料，就這樣坐上幾個鐘頭。待遇微薄。而跟這些客服人員在電話裡打交道的人——一個接一個——，通常可不是打電話來表達讚美或閒聊週末有何計畫。這些客戶不是一肚子牢騷、氣惱，就是有問題待解決。而且是馬上、現在就要解決。

如果你覺得這還不夠煎熬，話務中心人員的決定權更是微乎其微，工作職務往往是名副其實的規律性質。一通電話進來，他們仔細聽對方說什麼，然後——絕大部分的情形——在電腦上按幾個鍵，找出一份稿子，接著照本宣科，有時是逐字逐句的念，一面希望來電者盡快掛掉電話。這份工作已是如此消磨心神，而許多話務中心的經理人爲促進生產力，會監聽客服人員的對話、控管每通電話費時多久，更使得它令人望而生畏。難怪英美兩國的話務中心每年平均離職率總在三成五之譜，是其他工作的兩倍。有些話務中心的年離職率更高達百分之百，意思是：平均來說，現在的員工一年後沒有一個會留下來。

謝家華（Tony Hsieh）是全球最大線上鞋店 Zappos.com（現已被 Amazon.com 收購）的創辦人。他認爲，關於這類員工的招募、訓練和挑戰，一定有更好的方式。因

服人員來到話務中心的大辦公室報到，反而把客戶來電轉到員工家裡。此舉不但節省了員工的通勤時間，也讓他們遠離虎視眈眈的環境，在工作方式上大幅提升了自主性。

美國捷藍航空公司（JetBlue Airways）即是開風氣之先的企業之一。自二○○○年開張以來，捷藍就對在家工作的電話客服人員多所依賴，而它客戶服務的排名也是從一開始就遠在其他競爭對手之上。一般來說，在家內包的生產力和工作滿足感雙雙高於傳統的上班方式，部分原因是員工在家監控變少、比較舒服自在，一方面也是因為這種自主導向的作法可以挖掘到人才池的更深處。許多在家內包的員工不乏在學學生、退休族群、身障人士和為人父母者——這些人想要工作，但只能以自己的方式為之。一份報告指出，在家工作的客服人員有七到八成擁有學士學位，相較於傳統話務中心的員工，比例高達兩倍。不少為多家企業提供客服管理規劃的公司，例如 Alpine Access、PHH Arval、LiveOps，指稱採用這種作法後，他們的招募成本降到幾近於零。大家會主動找上門來，希望成為這樣的員工。如今，這些客服人員不但為眾多美國企業提供服務，包括線上花店「1–800–Flowers」、當今數一數二的休閒品牌 J. Crew、辦公用品連鎖商店 Office Depot，甚至國稅局，而且皆可按照自己的方式處理客戶詢問。[18] 一如在所有激勵 3.0 有效運作的工作場域，當家做主的是他們。

團隊夥伴

不管你在家中排行老幾，想想如果你是老三會是什麼滋味。你對周遭的人沒有選擇餘地。他們比你先到。更糟的是，說不定其中一兩位很不希望看到你。別說

> 「對自己做的事能夠自主最重要。替其他工作室做事和自己開公司最大的不同，在於我能選擇接什麼工作，替什麼樣的產品、服務或機構做行銷。這就凸顯出一個最重要的問題：如果重點已是九成在握，研究變容易了，開會也變得有趣了（能製造出引人入勝的產品和服務的人，本身多半也夠有趣），而且我不必跟虛假的廣告有什麼瓜葛。」
>
> ——施德明（Stefan Sagmeister）
> 國際視覺設計大師

擺脫他們，就是擺脫其中一人往往也是癡心妄想。

不管是接受一份新工作或是繼續原本的工作，多半與此類似。有主動精神的人或許會在工作內容、時間與方式上挖掘到一些自主性，但要在團隊夥伴方面擁有自主性，不啻是個奢求。很多人喜歡自己創業，此即原因之一：有機會組織一個自己的團隊。不過，即使是比較傳統的情境——雖然距離蔚為風潮尚遠——，有些組織正在發現容許員工自由挑選共事夥伴的好處。

舉例來說，在全美最大的有機連鎖商店全食超市（Whole Foods），負責聘僱的並不是各個部門名義上的負責人。這項工作是落在該部門的員工頭上。新進員工要跟著團隊試用三十天，試用期滿，這群夥伴一起投票，決定要不要讓這人成為正式員工。以 GORE-TEX 紡織品聞

名全球的戈爾公司（W. L. Gore & Associates）也是激勵3.0 的行動者。任何人想要爬升成為團隊的領導者，必須有能耐號召一群人願意跟隨他（她）工作。[19]

百分之二十時間的另一個吸引力，是你能夠從公司人才中選擇並自組一個小小隊伍。這些自動自發的企劃案通常橫跨組織層級，連結的是有共同興趣但不一定是同一部門的人。一如谷歌軟體工程師巴拉特・麥迪洛塔（Bharat Mediratta）對《紐約時報》所言，「如果你在百分之二十時間內想到一個全新的點子，通常就能輕易找到幾個志同道合的人，大家就這麼開始動起來。」麥迪洛塔說，如果要在公司裡推動更有系統的變革，選擇團隊夥伴的自主權就更形重要。這些規模甚小、人馬自組、既無預算職權更少、但試圖在組織內做出一些改變的努力，麥迪洛塔稱之為「小群組」（grouplet）。例如，麥迪洛塔自己就組有一個測試小群組，鼓勵全公司的工程師以更有效率的方法來測試電腦碼。這群非屬正牌、自動自發、並不是受到上級指示而成軍的編碼專家，「慢慢把組織帶入了中心軸線。」[20]

話說回來，對自主的渴望常會隨著其他的工作職責而告崩滅。Atlassian 在實施工作內容自主的實驗時，一個始料未及的發現是：大部分的員工並不躍躍欲試，報名比例遠低於百分之二十。主要原因是，他們不想放下正在進行

的企劃案不管而讓目前的隊友失望。

　　雖說團隊夥伴方面的自主在四T之中發展最不成熟，但拜當今社交網絡前所未見的強大威力以及行動裝置蓬勃興盛之賜，要達到這方面的自主不但更容易，而且影響無遠弗屆，並不限於單一的組織裡。我在第一章提過的資源開放：許多人自組團隊專門研發新的瀏覽器或創造更好的伺服器軟體，就是強有力的例證。這方面也一樣，雖然傳統企業遲遲不去擁抱它，但它的價值已得到科學證實。不計其數的研究顯示，自組團隊成員的工作滿足感要比蕭規曹隨的團隊成員爲高。[21] 同樣的，戴西等學者也指出，高度內在激勵的人具備較佳的團隊精神。[22] 因此，這個新領域具備無限大的可能性。如果你希望跟更多的 I 型行爲者合作，最好的方法就是自己也成爲其一。畢竟，自主是可以傳染的。

自主的藝術

　　想一想，過去一百年的偉大藝術家是如何工作的，例如畢卡索、喬治亞・歐姬芙（Georgia O'Keeffe）、傑克遜・帕洛克（Jackson Pollock）。他們和我們其他人不同；激勵 2.0 從來就不是他們的作業系統。沒有人告訴他們：**你必須畫這樣的畫。你必須早上準八點半開始作畫。**

你必須跟我們替你挑選的人一起工作。你必須這樣那樣畫。光是想像就有夠可笑了。

可是，你知道嗎？這種作法對你來說也同樣可笑。不管你正在修理水槽、打電話訂購雜貨、販售汽車或擬定教學計畫，你我和偉大的畫家並無二致，對自主的需求都是同樣的深。

不過，鼓勵自主並不表示輕視責任感。任何地方，只要有制度運作，人人都得為自己的工作負責。只是，要做到這一點，方式不一而足，而每一種都是基於不同的人類真實本性的前提假設。激勵 2.0 的假設是：人一旦擁有自由就會偷懶摸魚——給他自主他就會繞過責任於不顧。激勵 3.0 則是從大相逕庭的假設出發。它假定人是**想要**負責任的，因此，一旦他們能夠左右自己的工作性質、工作時間、工作方式、團隊夥伴，要達到這個目的保證是水到渠成。

當然，在大部分的工作場所，老舊作業系統的假設依然餘音繞梁，因此要轉變成自主的環境不會——往往是不可能——一蹴可幾。在員工對其他選擇一無所知的情況下，貿然將他們從處處掣肘的環境裡帶出，拋入一個只問結果或是如假包換的自主環境，他們會舉步維艱，寸步難行。誠如李察・萊恩的形容，組織必須「搭起鷹架」，協助每個員工在這個過渡期間找到踏足點。

更何況,自主的層面不只一端,每個人所珍視的各不相同。有人或許渴求工作內容的自主,有人則嚮往團隊夥伴的自主。一如 Zappos 執行長謝家華於電郵中告訴我:「研究顯示,自覺有掌控權是決定一個人是否快樂的重要元素。不過,每個人希望掌控的東西因人而異,所以要說自主的哪個層面最重要,我不認為有個舉世皆準的答案。不同的人有不同的渴望,當老闆的最好要把每個員工視為最重要的東西辨別清楚。」

不過,雖然呈現於外的渴望人人殊異,卻都是源自同樣的根苗。我們天生就是玩家,不是棋子。我們被刻意設定成自主的個人,不是一個個的機器人。我們的先天設計是 I 型行為者,但種種外力──包括人都需要被「管理」的觀念──卻聯手把我們的基本設定改變成了 X 型。如果我們能讓置身的環境趕上時代──不止是工作職場,也包括學校和家庭──,如果領導者能體認到人類的真實情境以及支撐它的科學知識,我們就可以讓自己和同僚回歸到天生的自然狀態。

「人類歷史的進程向來都是朝著更大自由的方向走。這是有原因的──因為向前推進是我們的天性,」萊恩對我說。「如果我們真的像某些人認為的那樣是僵硬的機器人,這種事不可能發生。可是,在中國,有個人挺身站在坦克車前面。女人,雖然一直被拒於自主的門外,還是不

斷奮力爭取權益。這是歷史的軌道。這就是爲什麼人類的
天性一旦得到發揮，終會因爲變得更加自主而力爭上
游。」

專精

你不必看他在做什麼
就知道這人是否在度假,

你只需觀察他的眼:
一個調製醬料的廚師,一個

操刀的外科醫生,
一個填具提貨單的職員,

同樣帶著全神貫注的表情,渾然忘我
於自己的職務角色。

何其美哉，

那目不轉睛的凝視。

——詩人奧登（W. H. Auden）

　　一九四四年某個夏日早晨，十歲的米哈里・契克森米哈賴跟著母親、兩個兄弟，外加七十位前來送行的親友，佇立在匈牙利布達佩斯的火車月台上。當時二次大戰正如火如荼，匈牙利雖是軸心國之一，但因為對軸心國的矛盾心理，不管是政治或地理版圖上，都被排擠得容不了身。為報復匈牙利和英美兩國祕密協談和平，納粹軍佔領了這個國家。在此同時，俄軍也進佔了它的首都。

　　該是離開的時候了。母子四人登上火車前往義大利威尼斯——米哈里擔任外交官的父親正在那裡工作。火車隆隆開往西南的同時，遠處不斷有炸彈爆炸。子彈劃破了火車車窗，車上一個身背來福槍的士兵朝著攻擊者還擊。這個十歲小孩蜷縮在座位底下，害怕但也有點氣惱。

　　「我腦海裡閃過一個念頭：大人們真不懂得生活，」將近六十五年後，契克森米哈賴告訴我。

　　結果，他搭乘的是最後一列跨越多瑙河的火車——火車出發不久，匈牙利幾個主要橋樑就遭到空襲摧毀，之後多年都無法通行。契氏家族個個受過良好教育，彼此感情深厚，但戰爭壓扁了他們的生活。五個月後，那天早晨在

火車月台送行的親戚有一半以上已不在人世。米哈里的兩
個兄弟，一個在烏拉山脈做了六年苦工，另一個於抗俄戰
爭中賠掉了性命。

「這整個經驗讓我開始尋思，」契克森米哈賴回憶著
十歲的自己。「世界上一定有比這個更好的生活方式。」

從被動順從到主動投入

自主的反面是控制。在行為的羅盤上，兩者坐落於不
同的兩端，為我們指引出截然相異的目的地。控制指向順
從，自主指向投入，這個分野也導致了 I 型行為的第二個
元素：專精──對某個舉足輕重的事務精益求精的渴望。

我在本書第一部分解釋過，激勵 2.0 的目標是鼓勵員
工以特定方式去做特定的事情，換句話說，就是要他們聽
話順從。就這個目標而言，沒有比一堆誘人的胡蘿蔔、偶
爾以棍子要脅來得更有效。當然，要說它能成為一條通往
自我實現的道路，那是希望渺茫，但以經濟策略而言，這
樣做有一定的道理在。對於周而復始的規律性工作（二十
世紀多數工作的註冊商標），要讓員工聽命服從，這種方
法通常效果良好。

不過，此一時彼一時。對於二十一世紀工作的招牌特
色，這樣的策略就顯得捉襟見肘，而且往往是嚴重的不

足。要解決盤根錯節的問題，你需要一顆好奇的心，願意一頭栽入去實驗新的對策。激勵 2.0 追求的是被動順從，激勵 3.0 則講求主動投入。唯有專心投入，才可能專精。要在當今的經濟體制下闖出一條路來，追求專精（第三驅力中一個重要但常是處於休眠狀態的部分）已經成了必要條件。

遺憾的是，儘管「賦權」這類聽來甜蜜的辭彙時時迴盪在各家企業的廊道上，現代職場最明顯的特色，或許正是工作投入的闕如以及對專精的漠視。蓋洛普曾經針對此一主題做過廣泛調查，發現美國五成以上的員工欠缺工作投入——將近二成是完全的心不在焉。這樣的貌合神離讓企業大幅喪失生產力，每年付出的代價約在三千億美元之譜——比葡萄牙、新加坡或以色列的全國生產毛額還高。[1]然而，相對來說，美國似乎還是 I 型工作者的安全港灣——麥肯錫顧問公司指出，在某些國家，積極投入工作的比例甚且還低到百分之二或三。[2]

同等重要的是，專心投入在私人生活中也是一股強大的力量，它能帶領你邁向專精。順從，就生命存亡來說，或許不失為良策，但對個人的自我實現卻是個劣策。要活出讓自己滿意的生命，不能只是對那些握有控制權的人唯命是從。然而，無論在職場辦公室或學校課堂，我們卻是順從太多，投入太少。順從或許可以讓你熬過白晝，但唯

有投入才能讓你走過漫漫長夜。我們因此要回頭說到契克森米哈賴的故事。

　　青少年時期，契克森米哈賴目睹過德國納粹暴行，也眼看著自己國家被蘇俄佔領，厭惡服從、憧憬投入的心理可以理解。可是，他在學校裡找不到這樣東西。十三歲時，他從中學輟學，之後輾轉於許多西歐國家，靠著一個比一個奇怪的零工養活自己，如是將近十年。世上到底有沒有更好的生活方式？幼年時的問號始終縈繞不去，為尋求答案，他把能接觸到的宗教和哲學書都讀遍了，但所有這些知識都沒能滿足他，直到無意間聽到心理學大師榮格（Carl Jung）的一場演說。初次聽聞到心理學領域的契克森米哈賴，心想說不定自己追尋的祕密就在其中。

　　於是，一九五六年，二十二歲的契克森米哈賴整裝出發，到美國去攻讀心理學。中學沒畢業、口袋裡只有美金一元兩角五分、唯一懂得的英文都是從 *Pogo* 連環漫畫裡學來的他，就這樣來到芝加哥。他在芝加哥有幾個聯絡人，幫他找了份工作和一個棲身之所。雖然不會說也不會讀英文，但契克森米哈賴靠著拉丁文、德文和 *Pogo* 學來的知識，通過了伊利諾州高中同等學力的英文考試，接著申請進入伊利諾芝加哥大學，白天上課，晚上在一家旅館當稽核員，終於進入芝大的心理系，並且在那裡取得了博士學位——在踏上美國土地短短九年之後。

　　但是，契克森米哈賴抗拒隨波逐流，不願跟著該領域的主流載浮載沉。不久前的一個春日早晨，他告訴我，當時他想探索「正向、有創意、令人耳目一新的生活態度，而不是佛洛伊德那種以治療、病理出發的觀點」，也不是史基納（B. F. Skinner）等學者所主張、將人類行為貶抑到簡單的刺激與反應的「機械式動作」。他開始書寫關於創造力的論著。創造力引導他進入遊戲研究，而藉著對遊戲的探索，他悟得一種關於人類經驗的洞察，之後更因此聞名於世。

　　在玩耍當中，很多人會享受到一種快樂，契克森米哈賴稱之為「自發性經驗」（autotelic experiences）。這個辭彙是由希臘文衍生而來，auto 意味自我，telos 意為目標或鵠的。在自發性經驗當中，目標本身便已足夠；行為本身即是報償。契克森米哈賴說，他在進行博士論文研究時，觀察到一些畫家作畫時是那樣的全神貫注，簡直走火入魔一般。對那些人來說，時間過得飛快，自我意識消逝無蹤。他向其他也受這類活動吸引的人求證：攀岩愛好者、足球隊員、游泳選手、洞穴探勘專家——他約他們進行訪談，想知道某種行為為何以會成為自發性經驗。結果令人洩氣。「當他們試著回想攀登高山或演奏曲目之際的感受，」契克森米哈賴事後寫道，「形容詞往往千篇一律、了無新意。」[3] 他必須找到方法，探索這些人當時的感

受。一九七〇年代中
期，一個大膽、雖然
在今天就連十二歲小
孩都會嘲笑落伍的新
科技解救了他——電
子傳呼器。

「觀諸我的運動生涯，總目標永遠是做一個
比當下的我更好的運動員——不管是下星
期、下個月還是下一年。我的目標就是求進
步。金牌不過是我達到目標的終極獎賞。」

——塞巴斯蒂安・柯伊（Sebastian Coe）
中距離賽跑選手，曾獲兩面奧運金牌

　　當時在芝大教書的契克森米哈賴已有自己的心理實驗
室，他在身上掛了個傳呼器，要他的研究生每天隨機呼叫
他好幾次。每當呼叫器響起，他就把自己正在做的事和當
時的情緒記錄下來。「太好玩了，」目前任教於南加州克
萊蒙研究大學（Claremont Graduate University）的契克森
米哈賴在辦公室裡回憶當年。「你會清清楚楚知道人是怎
麼過他們的日子。」他以這次試俾作爲基礎，發明了一種
稱爲「經驗取樣」（Experience Sampling Method，簡
稱 ESM）的方法。契克森米哈賴請受測者配戴一個呼叫
器，每天隨機呼叫他們八次，受測者一接到呼叫，就得在
一個小本子裡回答幾個簡短的問題，例如自己正在做什
麼、跟什麼人在一起，並形容當時的情緒狀態。如是連續
七日，將結果整理出來後，就像一本翻頁動畫、一部迷你
電影，如實播放出某人一星期的生活。將這些獨立個人的
結果彙整在一起，就是一整座人類經驗的圖書館。

　　契克森米哈賴從這些結果中鑽研，將自發性經驗的外

皮一層層剝去。同樣重要的是，他發現大家在描繪這些最優時刻時常用到一個辭彙：心流，於是拿它來取代最初那個由希臘字衍生而來的形容詞。一個人的生活當中，感受到最高、最滿足的經驗即是處於心流狀態。這個過去無人知曉的心理狀態，看似虛無飄渺又高不可攀，其實非常容易解讀。在心流當中，目標是明確的——你必須攀登山頂、擊球過網，或是把眼前的黏土陶鍋捏塑得恰到好處。回饋是即時的——山頂更遠或更近、球有沒有擊過網或拍出界、你丟進窯爐的土鍋出爐時是平滑還是凹凸不整。

最重要的是，在心流當中，一個人必須做的事和他有能力做的事之間，存在一種完美的契合。你的挑戰不會太容易，但也不會太難；刻度大概比現有能力高出一兩格，你的身與心因此得以伸展，努力本身也因此成為最甘美的回報。這樣的均衡會產生高度的專注和滿足感，輕易就超越了其他較為平凡的日常經驗。處於心流狀態的人純然活在當下，感覺一切操之在我，時間、地點甚至自己的存在完全拋諸腦後。他們的自主當然不在話下，但不僅如此，他們更是全心投入。他們，一如詩人奧登所寫，「渾然忘我於自己的職務角色。」

或許，當那列火車穿越歐洲，那名十歲男孩追尋的，就是這樣的心理狀態。或許，達到心流——不是一時一刻，而是當作一種安身立命的精神；不管你是廚師、醫生

或職員，維持著美麗的「目不轉睛的凝視」以追求專精
——就是答案。或許，生活就該是這個模樣。

航運公司裡的金髮女孩

　　幾年前——契克森米哈賴不記得多少年了——，他應
克勞斯·施瓦布（Klaus Schwab）之邀，來到瑞士的達沃
斯（Davos）。施瓦布在該城主持一個論壇，每年都會邀
集全球的菁英學者與會。那一年，與契克森米哈賴同來
的，還有他三位芝大的同僚：蓋瑞·貝克（Gary Beck-
er）、喬治·史提格勒（George Stigler）和米爾頓·傅利
曼（Milton Friedman），三位都是經濟學者，也都是諾貝
爾經濟學獎得主。某一晚，五人一起用餐，餐畢，施瓦布
問這些學者，他們認為現代經濟最重要的課題是什麼。

　　「令我大為意外的是，」契克森米哈賴回憶當時，
「貝克、史提格勒和傅利曼的結論大同小異，都是『少了
某樣東西』。」意思
是儘管經濟學已能闡
釋許多現象，對人類
行為——即使是商業
情境中的人類行為
——的描述還是不夠

> 「不管是從事藝術、科學或商業，只要你渴
> 望做這件事情，是因為它對你個人具挑戰性
> 又讓你深感滿足，你就能迸發出最高程度的
> 創意。」
> ——泰瑞莎·艾瑪拜爾
> 哈佛大學教授

豐富。

契克森米哈賴面露微笑，爲這幾位同僚的睿智洞察表示讚佩。他於一九七〇年代中期引介給世人的心流概念，並沒有立刻造成遊戲規則的改變。直到一九九〇年，他爲廣大讀者撰寫了第一本關於這個主題的書，這才在商業界吸引了一小撮的徒眾跟隨。然而，要讓此一概念實際運轉於現實組織，進度卻慢如牛步。畢竟，在激勵 2.0 的世界裡，心流這樣的觀念很難有立足之地。這個崇尚 X 型行爲的作業系統，並不反對員工在工作上挑戰最高的滿足，但它背後的想法是：這樣的最優時刻是令人驚喜的偶然，並不是讓員工表現出色的必要條件。

不過，雖然慢如牛步，地層或許還是有了變動。一如本章稍前所揭露的員工無心工作的數據，如果工作場所有如一攤死水、毫無流動，不管是個人的心理滿足或組織健康，勢必都得付出高昂的成本。因此，有些企業試圖改弦易轍。一如商業雜誌《快連企業》（*Fast Company*）指出的，包括微軟、豐田汽車、體育用品 Patagonia 在內的許多公司都已意識到，創造有助於心流的環境能讓員工邁向專精，進而提升生產力和工作滿足。[4]

例如，在瑞典電子通訊業易利信（Ericsson）擔任副總裁的史戴芬‧佛克（Stefan Falk）就運用心流原理，和平解決了該公司幾個商業單位的合併問題。他說服這些經

理人重新安排工作職責，好讓員工有清楚的目標可循，並快速得到回饋。經理人不再是於一年一度的績效評估期間才與旗下員工見面，而是一年六次、以一對一方式——每次往往長達一個半鐘頭——與員工對談，針對他們的工作投入以及如何邁向專精進行討論。心流導向的政策成效卓著，易利信因此在全球各分部廣為實施。之後，佛克換了東家，轉為瑞典規模數一數二的貨載船運公司綠色航運（Green Cargo）效力。他在這家公司，研發出一套訓練經理人的方法，教他們如何運用心流。接下來，他要求他們每個月跟員工開一次會，以充分了解員工的工作負載是過重或過輕，然後調整工作量，以協助他們找到心流。在管理階層改造運動實施兩年後，綠色航運這家國營事業一百二十五年來第一次轉虧為盈——高階主管認為，處處以心流為重的新政策當是關鍵因素。[5]

此外，一項以服務於美國企業的一萬一千名工業科學家和工程師為對象的研究發現，挑戰心智的渴望，亦即專精於某種吸引人的新奇事務的強烈欲望，是預測生產力的最佳指標。受到這股內發欲望驅策的科學家，申請的專利件數遠高於以金錢為主要驅力的同僚——即使這兩組投注的心力被控制在一樣的程度[6]（換句話說，受外在誘因驅動的這組，儘管跟另一組傾向 I 型行為的受試對象投入研發的時間一樣長、一樣努力，但成績就是比較差——或許

這是因為他們在工作時間內心流狀態較少）。

不只如此。二〇〇六年，一位年輕電玩遊戲設計師陳星漢（Jenova Chen）以契克森米哈賴的心流理論為題，寫下了他的藝術創作碩士論文。陳星漢認為，電動遊戲富含典型的心流經驗潛力，但太多遊戲都需要玩家投入到近乎沉迷的地步。他想，何不設計一種能讓隨性的玩家也能滋生心流情感的遊戲呢？他把自己的論文計畫當作實驗室，設計出一款遊戲，玩家利用電腦滑鼠，即可導引螢幕一個狀似變形蟲的生物體在超現實的海洋景觀裡穿梭，在吞掉其他生物後，慢慢演變成更高等的生物型態。大部分的遊戲都要玩家過關斬將，非通過若干既定的技術關卡才能晉級，陳星漢卻讓他們隨心所欲去探索前進。一般遊戲一關失敗後便告結束，他這款遊戲則與眾不同，僅僅把過關失敗的玩家推到一個較符合能力的層級而已。陳星漢將他這款遊戲命名為「流」（flOw），結果一炮而紅。上網玩免費版（http://intihuatani.usc.edu/cloud/flowing/）的人次高達三百萬不說，特為 PS 遊戲主機設計的付費版也有超過三十五萬人次下載，為他贏得了無數獎項。陳星漢利用這款遊戲創辦了自己的開發工作室thatgamecompany，很快就獲得索尼（Sony）青睞，跟他簽訂了三款遊戲的發行協定。從一個沒沒無聞的創業作起步，加州這兩位二十六歲的電遊開發工程師能獲得索尼垂青，在業界可

說是前所未聞。

綠色航運、thatgamecompany，以及那些聘有專利設計多得嚇人的科學家的企業，通常會運用兩種比較不精明的競爭對手不會用的策略。第一，他們會提供員工一種我稱為「金髮女孩式的工作」——挑戰不過難也不太容易，不太冷也不太熱（譯註：典故是金髮女孩在三隻熊家裡看到桌上三碗粥，熱的不吃、冷的不吃，只挑不冷不熱的吃。因此，有人以這個字引伸出一些用語，如 "Goldilocks economy" 指不太冷、不太熱，剛剛好的經濟；"Goldilocks effect" 指恰到好處的效果）。**必須**做的工作和**能夠**做的工作之間常常不能配稱，是職場挫折的源頭之一。當你必須做的事超過能力，焦慮油然而生。如果能力超過必須做的事，結果就是厭倦（沒錯，契克森米哈賴第一本關於自發性經驗的書就叫《厭倦與焦慮之外》〔*Beyond Boredom and Anxiety*〕。然而，一旦兩者配稱完美，就可能產生耀目的效果。這就是心流的精義所在。金髮女孩式的工作能讓我們得到活在當下、遊走於秩序和失序之間的刀尖浪頭的強烈感受，就像畫家傅立茲·許歐德（Fritz Scholder）曾經形容的那樣：「在意外和紀律之間走鋼索。」

為促進心流、增加員工邁向專精的機會，聰明的企業組織還會運用第二個高招：啟動湯姆索耶效應的正面效

果。還記得第二章嗎？外在酬賞有可能把玩耍變成工作，但也可能逆向而行——把工作變成玩耍。有些工作內容很難讓你自然而然心流湧動，卻是非做不可，那些聰明絕頂的企業於是放手讓員工自由規劃工作，好讓他們在本質單調無味的職務中注入一點心流。愛咪·瑞斯尼斯基（Amy Wrzesniewski）和珍·達頓（Jane Dutton）這兩位商學院教授便曾以醫院清潔工、護士和美髮師為對象，對這個現象進行研究。舉例來說，她們發現，有些醫院的清潔工不單是把基本的職責做好，甚且會自告奮勇，主動承擔新的差事——跟病人聊天、從旁協助，讓護士工作更順暢等等。多做了這些較為有趣的工作後，這些清潔工的滿意度不但大大提升，對自己的技能也更有信心。藉著重新規劃自己的職務內容，讓工作更有趣，也更把這些工作視為己任。「即使是自主性低的工作，」瑞斯尼斯基和達頓寫道，「員工也可以自創新的領域，讓自己做到專精。」[7]

專精三法則

要臻於專精，心流是不可或缺的條件。但產生心流並不能保證專精，因為這兩個觀念的運行是發生在不同的時間場域——一個當下可即，一個則需數月、數年甚至數十載工夫才可能開花結果。你和我或許明天一早就能達到心

流經驗，但誰都不可能一夕就做到專精。

因此，我們該如何在追求細水流深又持久的專精之際同時引發心流呢？我們該如何做，才能在組織裡和生活中邁向這個 I 型行為關鍵元素之一──專精──呢？幾位鑽研行為科學的學者為我們揭開了這些問號的初步解答。他們的研究指出，要做到專精，必須遵循三個稍微不同於一般的法則。

專精是一種心態

一如人生中的許多事物，追求專精也全在我們的意念之間。至少，這是卡蘿‧德威克的發現。

德威克是史丹佛大學的心理學教授，鑽研孩童和青年激勵行為幾近四十年。實證研究等身的她憑著堅實的研究成果，已成為當代行為科學界的一顆超級巨星。德威克最重要的洞察是：信念會決定成就。我們對自己以及對我們能力的想法──她名之為「自我理論」（self-theories）──，決定了我們對自己經驗的解讀，並為我們的成就設定了界線。雖然德威克的研究主要著重於「智能」，但這些研究結果對人類大部分的能力一樣適用，也因此導出了專精的第一法則：**專精是一種心態**。

根據德威克的說法，人對於自己的智能存有兩種不同的看法。心存「實體理論」（entity theory）的人相信，

> 「想清楚你最渴望擅長什麼事情，體認到並且接受即使你做到了也不可能真正滿足的事實，這樣就好了。」
>
> ——羅伯特・賴克（Robert B. Reich）
> 前美國勞工部長

智能不過就是這樣——一個實體而已。它存在於我們體內，是一種有限的供給，我們不可能讓它增加。抱持增殖理論（incremental theory）的人看法截然不同。他們相信，人的愚智或許有些許差別，但只要努力，我們是可以讓它進步的。拿體能打比方，增殖理論者把智能視爲強度（希望增強體力變成一個肌肉男？你可以開始練舉重），實體理論者則把它視作身高（想長高？運氣不好，你這輩子是無望了）*。如果你相信智能的量固定不變，那麼教育途中和職場上所有的遭遇，都只是爲了測量你有多少斤兩而已。但如果你相信智能有增益的可能，同樣的遭遇就會變成成長的契機。就一種看法觀之，智能是你展露於外的東西。換成另一種，智能是你培育出來的東西。

這兩種自我理論會導向兩條迥異的道路——一種能帶你走向專精，另一種不能。舉目標爲例。德威克說，目標分兩種，一是表現目標，一是學習目標。法文課得高分是

---

*我在本書的「I 型工具箱」中，推薦了德威克於二〇〇六年出版的《心態致勝》（編按：中文版由大塊文化出版），她將這兩種觀點稱爲「定型心態」和「成長心態」。

表現目標；能說流利的法語屬於學習目標。「兩種目標都很正常，也都很普遍，」德威克說。「兩者都是成就的燃料。」[8] 但能導向專精的只有一種。德威克的許多研究顯示，對於直截了當的問題，替小孩訂定表現目標（例如，考試得高分）是有效的，但也常常侷限了小孩將學到的概念運用於嶄新情境的能力。舉個例子，德威克和一位同僚做過一個研究，要一些國中生學習一套科學定理。他們對其中一半的學生設定表現目標，另一半設定學習目標。等到兩組都已顯示理解了教材，研究者拿出一套和剛才讀過的定理相關但不完全一樣的題目，要學生以學到的知識試著解題。結果，學習目標組的分數明顯較高，而且投入的時間較長，也試著用更多的方法去解題。德威克寫道：「以學習為目標的學生不必感覺自己已經夠棒，所以非要保持這樣的形象不可。畢竟，他們的目標是學習，不是證明自己很聰明。」[9]

確實，這兩種自我理論需要兩種截然相異的努力。對增殖理論者而言，付出努力是正面的事情。他們相信能力可以延展，努力因此被視為是求取進步的方法之一。對比之下，德威克指出，「實體理論……則是專挑容易成功的東西下手。」在這樣的心態看來，你是因為不夠好才不得不做努力。因此，他們會選擇容易達到、一旦做到便可印證他們目前的本事、在擴張能力方面卻毫無助益的目標。

某個意義來說，實體理論者是希望自己看來遊刃有餘，根本無須花工夫去達到專精。

最後一點，在面對挫折的時候，這兩種看法所啓動的反應也是南轅北轍；一種德威克名之爲「無力感」，另一種稱爲「專精導向」。德威克曾對美國一些小五、小六生做過一個研究。她先讓他們回答八個他們都答得出來的簡單概念問題，接著再出四題他們回答不出的問題（因爲內容過深，超過他們年齡應有的程度）。認爲腦力固定不變的學生很快就放棄了答題，還把自己答不出題目怪罪於自己的智力（不夠）。心態上認爲智力可以擴張的學生則不斷嘗試，儘管題目很難，他們還是發明種種策略，試圖找出答案。當這些學生解答不出最難的題目，他們怪罪什麼呢？「他們的回答讓我們很意外——他們什麼也不怪，」德威克說。這些小孩看得很清楚：要走向專精，遭遇挫折在所難免，而這些挫折甚至可以變成指引道途的明燈。

德威克這些洞察和激勵 3.0 與激勵 2.0 的行爲差異不謀而合。X 型行爲者對於智力時常抱持實體理論，重表現目標而輕學習目標，他們唾棄努力，認爲那是自曝其短的表現。I 型行爲者則對智力抱持增殖理論，認爲學習目標比表現目標重要，對努力的機會來者不拒，視之爲更上層樓的途徑。若從第一種心態出發，要達到專精是天方夜譚；若是另一種心態，要不達到專精也難。

專精意味著痛苦

　　每年夏天，約有一千兩百名男女新生來到美國西點軍校，等著四年之後成為畢業生，在傳奇的「長灰列」裡佔有一席之地。但是，在看到任何教室之前，他們必須接受為期七週的新生訓練——又稱「魔鬼訓練營」。等到夏天結束，這些使命感與才華兼具的年輕人，每二十人就會有一人被淘汰。一群學者——兩位來自西點軍校，另外兩位分別來自賓州大學和密西根大學——想了解，為什麼有些學生可以在軍事專精這條路上堅持前進，有人卻在第一個出口就下了車。

　　是體力和運動能力的關係嗎？是取決於智力或領導能力？還是你得長袖善舞、八面玲瓏？

　　答案是：以上皆非。這幾位學者發現，要預測這些準西點生的最佳指標，是一種非屬認知能力也非關體力的特質，稱為「堅忍」——其定義為：「對長遠目標所抱持的熱情與堅毅。」[10] 這些受訓的未來軍官印證了專精的第二個法則：**專精是一種艱苦。**

　　儘管心流經驗令人嚮往，但通往專精——對你念茲在茲的事情精益求精——的路途，可不是鋪滿鮮

> 「選個就算是最枯燥、最乏味的職務都會讓你感覺樂趣橫生的行業。這樣你會永遠快樂。」
> ——威爾·蕭茲（Will Shortz）
> 　益智遊戲與字謎大師

153

花、彩虹橫跨天際的康莊大道。如果是這樣，早就有更多人絡繹於途了。專精是很痛的。有時候——許多時候——一點也不好玩。心理學家安德斯‧艾瑞克森（Anders Ericsson）為專精的培養提供了新的見解，他針對專業表現的研究成果堪稱石破天驚。一如他的形容，「很多大家以為是天賦才能的表現，其實是起碼十年的苦練成果。」[11]專精，無論是運動、音樂或商業領域，都需要長期（不是一星期、一個月，而是以十年計）的努力（艱難、痛苦、椎心刺骨、耗盡最後一絲力氣的努力）。[12]社會學家丹尼爾‧錢布利斯（Daniel Chambliss）稱之為：「超凡的凡俗面。」錢布利斯曾對奧林匹克游泳選手進行一項長達三年的研究，他跟艾瑞克森一樣，也發現表現最優異的選手在為比賽做準備時，對於基本動作的練習通常投注最多心力、花的時間最長。[13]同樣的道理，那幾位研究西點軍校生的學者在他們另一項研究中也發現，堅忍——不是智力也不是入學考試分數——是大學成績最準確的預測指標。他們這樣解釋：「勤奮努力很重要，這個道理容易懂，但目標堅定不移、長時間努力不懈的重要性，可能就比較少人體會得到……不管在哪個領域，堅忍或許跟才華一樣，都是高成就的必要條件。」[14]

心流在此扮演的角色有二。如果你知道什麼樣的事情會讓你產生心流，對於自己應該把時間和精力投注在哪裡

以求取專精，就較能清楚掌握。在追求卓越的過程中，這些心流時刻可以幫助你熬過最艱難的關卡。但是，歸根結柢來說，專精的面貌常是：你雖然努力再努力，卻始終原地踏步；若干心流時刻或許能讓你咬牙撐過去，好不容易有了寸進之功，卻再度碰到瓶頸，你只好停滯在這個新的高原期努力再努力。艱苦備至，一點也不錯。但這並不是問題。這個過程就是解答。

一如卡蘿‧德威克所言，「有些事情能為你的人生灌注意義，付出努力即是其一。努力代表你在乎某樣事情，而且這件事情對你攸關重大，你願意為它流血流汗。如果你對任何事物都沒有珍惜的意願，也不願投注心力去爭取，這樣的生存是貧乏的。」[15]

另一位「博士」的說法也雷同。籃壇巨星朱利斯‧歐文（Julius Erving）雖然沒有博士學位，但他在麻州春田市的籃球名人堂佔有一席之地。「所謂專業，」人稱J博士的歐文曾說，「意思就是做你熱愛的事──即使在你不想做的時候也一樣。」[16]

專精是一條漸近線

要理解專精的最後一條法則，你必須懂一點代數，懂一點藝術史。

先說代數。你或許還記得漸近線的概念。如果你不記

155

得，看看下圖或許就會想起來了。所謂漸近線（此處繪的是水平漸近線），意指一條曲線逐漸向它趨近但永遠也到達不了的一條直線。

　　至於藝術史，你或許還記得十九世紀的法國畫家保羅・塞尚（Paul Cézanne）。你不必記得很多，只要記得他的地位很重要，足以讓藝術評論家和學者紛紛援筆為文論述他的畫作就夠了。塞尚最不朽的作品，多半是晚年所繪。芝加哥大學經濟學教授大衛・葛蘭森（David Galenson）研究諸多藝術家的生平，據他指出，之所以如此，一個原因是塞尚努力不懈，總想畫出自己最好的作品。有位評論家如此描述塞尚：

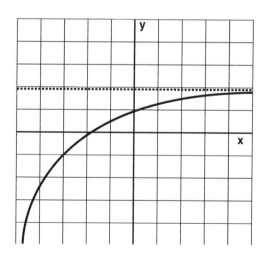

他的終極構圖從來不是瞬間顯現；他是以無比的戒慎向它趨近，彷彿躡手躡腳跟蹤著它，先從一個角度，再從另一個角度……**對他來說，完整構圖是一條漸近線，他永遠在趨近它，卻永遠也達不到它。**[17]

這是專精的本質：**專精是一條漸近線。**

你可以趨近它。你可以瞄準它。你可以離它非常、非常近。但就跟塞尚一樣，你永遠也觸摸不到它。要完全體現專精，那是天方夜譚。老虎伍茲，這位或許堪稱史上最偉大的高爾夫球手便曾直言，說他有能力 —— 也有必要 —— 更上層樓。他在尚未成為職業球手之前這樣說。他在成績最好的一場比賽或表現最佳的球季之後，也會這樣說。眾人皆知，他一直在追求專精；大家比較不知道的是，他明白自己永遠也達不到它。它永遠在側，卻永遠在他的掌握之外。

這條專精的漸近線是挫折的一個源頭。我們為什麼要去追求一個永遠也達不到的東西呢？但它也是吸引力的一個源頭。我們為什麼**不去**追求呢？追求的快樂勝過實現。終究說來，專精之所以吸引人，就在於它若隱若現、欲拒還迎。

靈魂的氧氣

那些受試者呈現出的警兆是「廣泛性焦慮症」（generalized anxiety disorder），一種侵擾百分之三的成年人口的心理疾病。根據《精神疾病診斷與統計手冊》第四版（*Diagnostic and Statistical Manual of Mental Disorders*，簡稱 *DSM-IV*），只要病人顯現出下列六種症狀中的三項，情況可能就很嚴重了：

- 靜不下心或感覺如坐針氈、浮躁不安
- 容易疲累
- 無法專心或腦中一片空白
- 易怒
- 肌肉緊繃
- 睡眠障礙

這些或男或女的受試者活脫是教科書上的範本。其中一位過去總是寧靜度日，如今感覺「精神緊張、敵意增加、火氣上升、怒火中燒」。另一人坦言「越來越易怒、煩躁」，且「越來越難維持注意力」。還有一位以龍飛鳳舞的筆跡形容自己：「睡眠品質差，坐立難安，日趨神經質、防禦心重。」有些人擔心自己是不是精神分裂。有個人神志不清到走路撞到牆，把眼鏡都給砸爛了。

是不是該去給精神科醫生看看或開個抗焦慮的藥吃吃呢？

不。該是讓心流回到他們生活裡的時候了。一九七〇年代初期，契克森米哈賴做過一個實驗，請受試者把生活中所有「非屬功利性」的事——亦即不是出於義務也不為任何目的、純粹是因為喜歡而做的瑣細雜事——一五一十記錄下來。接著他做出以下指示：

自〔某特定日期〕開始，從早上睜開眼睛到晚上九點之間請照常度日，做你所有必須做的事，但不可做任何「玩耍」或「非屬功利性」的事。

換句話說，他的研究團隊是要那些受試者把生活中的心流剔除淨盡。你必須避免去做某些你喜歡的事，因為它們可能引發快樂。熱愛體力勞動的人必須坐上一整天。有個女人喜歡洗碗，因為洗碗讓她感覺自己在做有用的事情，同時可以理直氣壯地沉湎於幻想。如今她卻不准去洗碗，除非絕對必要。

結果立竿見影。第一天才結束，受試者「就注意到自己越來越無精打采、行動遲緩」。他們開始抱怨頭痛。大部分的人說自己很難專心，「思緒老是原地打轉，什麼也想不通。」有人昏昏欲睡，有人則是煩躁得無法入眠。一

如契克森米哈賴所寫，「樂趣才被剝奪兩天……大家的情緒已經惡劣到宜再實驗不下去。」[18]

兩天。四十八小時沒有心流感受，就能讓人墜入一種異常雷同於嚴重精神失調的狀態。這個實驗顯示，心流，這種被激勵 3.0 視爲必要的高度投入感，並不是奢侈品。它是必需品。我們需要它才活得下去。它是靈魂的氧氣。

契克森米哈賴還有更令人震撼的發現。例如，人在工作之際遠比休閒時刻更容易進入心流。工作往往具備了其他自發性經驗的要件：目標是清楚的，回饋是立即的，工作的挑戰性與能力互相配稱。當這些要件符合，我們不但更能樂在其中，成績也更出色。因此，許多組織竟會容忍工作環境將大部分員工的心流經驗剝奪殆盡，這實在是太奇怪了。只要多讓員工擁有一些金髮女孩式的工作、找出方法讓湯姆索耶效應的正面效果得到釋放，不但組織的大目標受惠，員工生活也會更豐富。

契克森米哈賴在三十多年前便領悟到這個基本事實。他寫道，「我們再也沒有理由相信只有非關工作的『玩耍』才叫樂趣，把人生所有的嚴肅正事都當成沉重的十字架來背負。只要我們理解，工作與玩耍之間的界線是人爲的，我們就可以採取主動，開始進行這個艱難的任務：讓生活更甘美、更有價值。」[19]

不過，要知道怎麼做才正確──如何讓專精成爲生活

的中心要義——，最好的榜樣或許不是那些坐在董事會議桌旁或走廊底最後那間大辦公室裡的人。

契克森米哈賴與我共進午餐，我們談到小孩。孩童的生活裡處處迸發著自發性經驗。他們懷著凡事皆可能的心態，帶著有如西點軍校新生的高度投入，心流時刻一個接一個，因為快樂而顯得生龍活虎。他們用頭腦也用身體去探索環境、從環境中得到回饋，無止無盡地在追尋專精。

然後，到了生命的某個階段，這一切卻戛然而止。這是怎麼回事？

「他們開始覺得自己做的事很幼稚、很丟臉，」契克森米哈賴解釋。

多麼大的錯誤啊。說不定你和我——外加所有發號施令、當家做主的成年人——才是真正的不成熟。這讓我們回想到契克森米哈賴在火車上的感受：納悶大人們怎麼把事情做得如此荒腔走板。我們的境遇或許沒他那麼慘，但這個觀察卻是同樣一針見血。契克森米哈賴說，如果任由孩童跟著天性走，出於所有自然法則的必然性，他們定然會找到自己的心流。我們每個人也都應該這麼做。

6

目的

統計學家告訴我們，人口統計資料註定不能更改。滾石合唱團告訴我們，你要的東西不見得都能得到（譯註：該合唱團的名曲：You Can't Always Get What You Want）。我們不知道，要是這兩個異常頑固的鐵律好好坐下來，在觥籌交錯間彼此多些了解後會發生什麼事。

不過，答案即將揭曉。

二○○六年，第一批嬰兒潮世代開始邁入六十歲。人在踏入整數年齡大關的時候，通常會駐足、反思，為自己的生命做個盤點，而我發現，美國也好，其他地區也罷，這批於二次大戰後出生的嬰兒潮世代在抵達這個里程碑之

際，都會做出典型的三階段反應。

第一階段，他們會問：「要命，我怎麼就六十歲了呢？」當他們的里程錶出現「6-0」這兩個數字，大家常常感到驚訝，甚至帶點驚慌。他們心想，六十歲，是老年了。他們數算自己的人生憾事，悟到米克‧傑格（譯註：Mick Jagger，滾石合唱團主唱）跟他的團員說得沒錯，你要的東西不見得都能得到。

不過，第二階段接踵而至。還不是太久以前，即將邁入六十大關表示你多多少少，呃，有點上年紀了。然而，在此二十一世紀之初，任何身體健康、活到六十歲的人，大概也健康到可以再活久一點。聯合國數據指出，在美國，六十歲的男性可望再活個二十多年，女性可以再活二十五年。在日本，六十歲的男人可望活過八十二歲，女人活到將近八十八。其他許多經濟繁榮的國家也可見到同樣的趨勢——在法國、以色列、義大利、瑞士、加拿大等等其他地方，如果你年過六旬，堂堂活過八十歲的機率不是普通的高。[1] 這點領悟通常會帶來某種程度的如釋重負。「好險，」多倫多或大阪的嬰兒潮兄潮姐鬆了口氣。「我還有好幾十年的時間。」

可是，這股如釋重負很快就會消散——因為，還沒等你鬆完這口氣，你就進入了第三階段。已屆耳順之年的嬰兒潮想到自己還有二十五年的光陰，不禁**回想到**二十五年

前——當年他們才三十五歲——，一個念頭驀地從腦中某處冒出來。「哇，光陰似箭哪，」他們說。「下一個二十五年會不會也是飛逝如斯？果真如此，什麼時候我才能做出一些重要的事情來？什麼時候我才能安享最好的歲月？什麼時候才能對這個世界有點貢獻？」

這幾個在全世界嬰兒潮世代的廚房對話裡兜來兜去的疑問，聽來或許有點煽情，但它們正以一種人類文明前所未見的飛快速度發生中。想想看，不僅是多數的西方國家，日本、澳洲、紐西蘭亦然，嬰兒潮世代在人口中都佔了最大比例。根據美國人口普查局統計，光是美國的戰後嬰兒潮就有七千八百萬人——意思是平均來說，每年就有不止四百萬的美國人，來到這個引人探索靈魂、思索人生意義的重大生辰。[2] 相當於每天一萬一千人，每小時四百五十餘人。

換句話說，光是美國，每十三分鐘就有一百個嬰兒潮人口邁入六十歲。

每十三分鐘就多出一百人——而且是有史以來最富有、教育程度最高的一個世代的成員——開始想到自己終究會與草木同朽，也開始問這些深奧的問題：意義、重要性、自己真正想要什麼。

一百個人。每十三分鐘。每小時。每一天。直到二〇二四年。

　　人口統計數字是道冷鋒，沒有實現的夢有如暖流，當這兩者交會，結果就是一場舉世前所未見、攸關目的的雷電風暴。

目的是動機

　　I 型思維有如一個三腳架，其中兩腳，自主和專精，誠然不可或缺。但要得到適當平衡，我們還需要第三個支架——目的感——作為另外兩支腳架的背景。自主性高的人致力於專精，表現自然激越亮眼，可是那些孜孜投注於更崇高目標的人成就更勝一籌。最有鬥志的人——深具生產力、生活滿足感高的人更是不在話下——都會搭順風車，將自己的渴望搭建在超越小我的遠大志業上。

　　然而，激勵 2.0 並不把目的當成一種激勵。X 型作業系統雖然並不排斥目的，卻把它視為點綴——如果你心存目的，那是很好的裝飾品，只要別妨礙到重要的事情就行了。但是，以這個觀點出發的激勵 2.0 忽略了人類的一個重要層面。打從人類初次凝望天空，思索自己在宇宙的位置，試著

> 「我由衷相信，一種嶄新的資本主義型態正方興未艾。更多的關係人（包括顧客、員工、股東和社會群落）都希望自己能置身於……一個比他們產品更重要的目的。」
>
> ——麥特・雷德豪森（Mats Lederhausen）
> 投資家，前麥當勞高階主管

創造一些超越自己生命、能讓世界更美好的東西開始，我們就一直是目的的追尋者。「是目的啟動了生命的能量，」心理學家契克森米哈賴在一次訪談中告訴我。「我認為，進化一直都在插手，它會挑出那些意識到自己必須做出一些超越小我事情來的人。」

激勵 3.0 所追求的，即是讓人類情境回歸到此一層面。因為正好進入這樣的人生階段，也因為數量龐大，全世界的戰後嬰兒潮世代把目的推得離這個文化中心位置更近了。為因應這樣的趨勢，企業已開始重新思考，目的能在商業行為中扮演什麼樣的角色。「財富最大化雖是情感的催化劑，但威力並沒有大到能讓人類能量完全動員起來，」本身也是嬰兒潮世代一員的策略大師蓋瑞·哈默爾說。[3] 我在前章描述過，員工無心工作的現象嚴重到令人心驚，而隨之同來的是一股企業界如今才開始察覺到的趨勢：當義工的現象同樣扶搖直上，尤其在美國。這兩條方向歧異的線——領薪水的人工作投入每下愈況，不支薪的卻越做越起勁——顯示，義務工作中自有一些有薪工作萬萬無法提供的滋養成分。

我們逐漸領悟到，利潤動機雖然威力強大，但無論對個人或組織，可能都不是一個足夠的動力源。而另一種威力同等強大、我們過去往往視而不見或斥之為不切實際的能量來源，或可稱之為「目的動機」。這是兩個作業系統

> 「很奇怪，老年比青壯年來得簡單，因為選擇少了很多很多。」
> ──史丹利‧庫尼茲（Stanley Kunitz）
> 美國普立茲詩歌獎得主

最後的重大分野。激勵 2.0 的重心是利益的最大化，激勵 3.0 並不排斥賺錢，但對於目的最大化的強調也不分軒輊。我們可以從組織生活的三個範疇──目標、辭彙、政策──看到，這股嶄新的目的動機正開始風起雲湧。

目標

　　齊聲進行目的大合唱的，並不光是嬰兒潮世代而已。他們的子女輩──你可以稱之為 Y 世代、「千禧世代」（Millennial Generation 或 Millennials）、回響世代（echo boomers）──也加入他們，而且捧的是同樣的詩歌集。這些年紀輕輕、新近才進入勞動市場的成年人，光是現身職場，就讓組織的重力改變了核心位置。作家希薇亞‧惠勒（Sylvia Hewlett）於研究中發現，這兩個有如中流砥柱的世代「為成功下了新的定義，他們願意接受的酬勞，是一種與傳統迥然相異的『重新混音版』」。這兩個世代都不認為金錢是最重要的報酬型態，反倒是多項非關金錢的因素──舉凡「躋身優良團隊」到「能夠透過工作回饋社會」[4]──，才是他們熱中的選擇。如果他們在目前的組織

168

裡，找不到一套能讓自己獲得滿足的酬報，他們就乾脆獨立門戶，自己創業。

就拿屬於美國 Y 世代的布雷克・米柯斯基（Blake Mycoskie）和他在二○○六年創辦的 TOMS 鞋業公司（TOMS Shoes）為例。TOMS 和所有的傳統企業類別都不符合。TOMS 的產品是時尚的帆布平底鞋，但每賣一雙鞋給顧客——不管是你、我或你的鄰居——，它就贈送未開發國家一名兒童一雙新鞋。TOMS 是個靠賣鞋來籌措財源的慈善機構，還是一個為行善而犧牲獲利的企業呢？兩者皆非，也兩者皆是。事實上，這個界線非常模糊，以至於 TOMS 必須在網頁直接回答這個疑問（就在你買的鞋若是過大該如何退換的問答下面）。它的網頁這樣解釋：TOMS「是個追求利潤但以奉獻作為核心價值的企業」。

懂了嗎？不懂？那試試這個：本公司的「商業模式是將我們的顧客轉變為捐助者」。好些了吧？或許。感覺更詭異？一點也沒錯。類似於 TOMS 這樣的企業，已經模糊甚或打破了現有的企業歸類。它們的目標以及達到目標的方式，和激勵 2.0 完全不能相容，因此，如果 TOMS 必須依靠這個屬於二十世紀的作業系統，它整個運作勢必會戛然中斷，有如在創業天地裡崩壞到只剩一片藍色的死亡螢幕。

對比之下，激勵 3.0 則是專門為了目的最大化而做的設計。事實上，我們之所以需要新的作業系統，目的最大化的興起正是主因之一。一如我在第一章的解釋，類似於 TOMS 的運作是先導部隊，代表了企業人士在如何組織工作方面更寬宏的新思維。「追求公益組織」、B 型公司、「低利潤有限責任公司」，都在重新鑄造傳統企業組織的目標。它們也以新品種的企業之姿變得越來越普遍──追求目的的熱情不亞於傳統經濟理論所言創業家追求利潤的熱度。就連合作事業，一種動機不同於利潤最大化的老舊商業模式，也從雜草叢生的邊緣躍升到光鮮亮麗的中心。作家瑪琪瑞・凱莉（Marjorie Kelly）指出，在過去三十年間，全球合作組織型態的成員已經倍增到八億人之多。光是美國，隸屬於合作組織的人數就比股市中持有股票的人還多。而且，這個觀念還在擴散。凱莉指出，在哥倫比亞，「SaludCoop 為四分之一的人口提供了健康醫療服務。在西班牙，Mondragón Corporación Cooperativa 已是該國的第七大工業體。」[5]

這些「不只求賺錢」的企業，跟過去十五年來喊得震天價響卻很少履踐承諾的「社會責任」企業天差地遠。這些以激勵 3.0 作為作業系統的企業，並不是一面謹守法律和道德規範，一面以追求利潤為目標。它們的目標在於目的的追求──利潤是它們的觸媒，而非終極目標。

辭彙

二〇〇九年春天,一場這一代僅見的危機外加幾宗金融弊案火上加油,全世界的經濟被打擊得步履蹣跚。這時候,幾位哈佛商學院學生注視著鏡子,心想自己是不是這場災殃的罪魁禍首。到頭來,他們一心奉為榜樣的人——那些金融家、企業交易高手——,並不是史詩般的英雄,而是黑暗故事裡的惡棍。把整個金融制度推向崩潰邊緣的,很多就是位居要津的企業人士。另一方面,這幾位年輕學子已在同班同學身上見到類似行為的種芽。幾年前,一份以企管碩士生為對象的調查報告指出,這些學生有五成六自承有作弊的習慣,比例高得嚇人。[6]

唯恐曾經是榮譽的徽章變成了代表罪惡的紅字,這幾個哈佛大二生做了商學院學生最拿手的事。他們做出一個計畫,共同擬定了「企管碩士誓言」——矢志要以凌駕於財務數字之上的志業為念,儼然是商科研究生的希波克拉底誓言(譯註:Hippocratic oath,醫科學生入校時必須做的宣誓)。它不是一份法定文件。這是一紙行為規範,而它的內容及遣詞用字,對目的最大化的強調要多過對利潤的最大化。

從開宗明義第一句開始,這份誓言就和激勵 3.0 聲氣相通:

「作為管理者,本人的目的是藉由將人與資源串聯於

171

一，創造出非個人獨力所能創造的價值，以為大我的利益所用。」這是它的起頭，接著洋洋灑灑近五百字。「對於股東、同事、顧客和我們身處的社會，本人會為其權益捍衛到底，」他們宣誓。「不管在經濟、社會或環境上，本人將克盡全力，在世界各地創造永續的繁榮。」

「目的」、「永續」、「大我的利益」，這些辭彙都不是來自 X 型行為者的字典。大家很少在商學院聽到這些字眼，因為，再怎麼說，商學院照理說教的不是這種東西。然而，這所可謂全世界馬力最強的企管碩士工廠的學生卻不這麼認為。短短幾星期內，將近四分之一的畢業班同學都在這份誓言書上簽名，接受了這份誓辭。麥克斯・安德森（Max Anderson）是發起這場運動的學生之一，他談到何以有此發想。「我希望，當本班二十五年後開同學會時，我們出名不是因為賺了多少錢，或回饋給母校多大金額，而是因為我們的領導統御讓這個世界變得更加美好。」[7]

語言攸關重大。如果你仔細聆聽，或許慢慢會聽到一種稍有不同——稍微向目的偏移——的辭彙。我前面為大家介紹過蓋瑞・哈默爾，他指出：「在訂定管理目標的時候，大家通常會用『效率』、『優勢』、『價值』、『優越』、『焦點』、『區隔』這類的字眼。這些目標固然重要，但缺乏打動人心的力量。」哈默爾說，企業領導者

「必須設法在平淡無奇的商業行爲裡，注入一些更深層、
能夠撥動靈魂的理想，例如榮譽、眞理、公義、愛和
美」。[8] 在員工的辭彙裡加入人文，他們的行爲也會變得
人文。

要衡量一個組織健康與否，美國前勞工部長羅伯特·
賴克有個簡單又有效的方式，他稱之爲「代名詞測試」，
其背後思維即在於此。他每到一家公司，會向員工提出幾
個關於該企業的問題。當然，他會仔細傾聽員工回答的內
容，但他最留意的是他們使用的代名詞。員工提到公司的
時候，是稱呼「他們」呢，還是用「我們」來形容？賴克
說，「他們」公司和「我們」公司，是南轅北轍的兩種工
作環境。[9] 而在激勵 3.0 的世界裡，勝利者是「我們」。

政策

政策的位置，居於企業使用的辭彙和追求的目標之
間。藉由政策的施行，辭彙可以轉變成目標。此處亦然，
你可以察覺到一種不同的趨向正開始發出震波。舉例來
說，過去十年間，很多企業都在企業道德規範的擬定，上
投注了可觀的時間和精力，但不道德的行爲似乎不見減
少。這些規範固然珍貴，但若是當成政策去推行，即使是
無意，也會把以目的爲重的行爲拉出 I 型範疇而推進 X
型的框架。誠如哈佛商學院教授麥克斯·貝瑟曼（Max

> 「要衡量一個人的生命價值，可以看這人是否能夠影響境遇不如他的人的命運。既然人都難逃一死，生與死之間的生活品質即是最重要的變項。」
>
> ──比爾·史崔克蘭（Bill Strickland）
> 曼徹斯特工匠協會（Manchester Craftsmen's Guild）創辦人，美國最高公民榮譽麥克阿瑟基金會天才獎（MacArthur Foundation Genius Award）得主

Bazerman）的解釋：

假設你掌管一些本就有心規矩做事的員工。現在，你把一套約束力薄弱的道德標準交給他們，要他們照章遵循。你這樣做，基本上有如給了他們另外一套標準——只要這樣做，就可以在所有這些空格上打勾——，而不是要求他們「因為是正確的事所以去做」。

打個比方，想像一個組織素來就支持平權法案的理念——它願意接受更多元的員工，好讓世界變得更美好。然而，若把這種精神簡化成一張檢核表，平權法案頓時變調，只是一堆這個組織為顯示它毫無種族歧視而必須做到的規範要件而已。

如此一來，這個組織已經不是念茲在茲地追求員工多元化了。它會把焦點放在勾選空格上，以確保它的所作所為沒有任何瑕疵（這樣才不會被人一狀告上法院）。在此之前，員工是出於內在激勵去做正確的事，如今卻是受到外在誘因的左右——讓公司不至於吃上官司或遭到處罰。[10]

換句話說，員工或許會為了避免受懲處而做到最低的

道德標準，但說到將志業注入企業的血脈，這些準則完全無濟於事。比較好的作法是：企業從員工身上激發出自主性，共同為目的最大化盡一份心力。下面舉兩個有趣的例子說明我的觀點。

第一個例子是，不少心理學者和經濟學家發現，金錢與快樂之間的關聯非常薄弱——超過某個（相當低的）水準之後，再多的鈔票也無法激發更高程度的心理滿足。不過，幾位社會學家也為這個觀察做了一些更精細的補充。娜拉‧艾克尼（Lara Aknin）和伊莉莎白‧鄧恩（Elizabeth Dunn）是溫哥華英屬哥倫比亞大學的社會學者，她們和哈佛商學院心理學教授麥可‧諾頓（Michael Norton）指出，人**怎樣**花自己的錢，或許跟賺**多少**錢至少是同等重要。尤其是把錢花在別人身上（替太太買束花而不是替自己買個 MP3）或某個社會志業（捐給宗教團體而非替自己剪個昂貴髮型）上，確實能夠提高主觀的幸福感。[11] 事實上，鄧恩和諾頓建議企業將他們所發現的這種「親社會」花費行為列為正式政策。根據《波士頓環球報》（*The Boston Globe*）報導，鄧恩和諾頓相信，「企業若將部分預算轉移為慈善捐款，好讓員工握有一筆能以個人名義捐出去的錢，可以提升員工的心理滿足感。如此，不但員工所選擇的捐贈單位受惠，員工也更快樂。」[12] 換句話說，將回饋社會的掌控權交給員工去做決定，或許要比另一個

「如果這樣就能那樣」的條件式金錢誘因，更能增進他們的滿足感。

另一宗研究，對於以目的為導向的政策開出了第二個可能的藥方。服務於高檔醫院的醫生，例如世界知名的梅約診所（Mayo Clinic），由於面對極高的壓力和要求，常有身心交瘁之感。然而，一項在這所權威醫療中心的田野調查發現，如果允許醫生一週一日專注於他們工作中對自己最有意義的層面——照顧病人、埋首研究或社群服務——，可降低伴隨工作而來的身心俱疲感。參與這項政策實驗的醫生，感到筋疲力竭的比率，要比未參加的醫生少一半。[13] 我們或可將它視為一種帶有目的的「百分之二十時間」。

美好的生活

每一年，約有一千三百名畢業生踏出羅徹斯特大學，邁入他們的父母、教授所稱的現實世界。愛德華‧戴西、李察‧萊恩和同僚克里斯多佛‧尼爾米克（Christopher Niemiec）決定抽樣調查這些準畢業生的人生目標，並持續追蹤，看他們在生涯之初做得如何。許多社會科學研究雖然都以學生志願者作為對象，但在學生收妥文憑走出學校大門後還進行追蹤的，卻很少見。這幾位學者以出了大學

後作為研究時程,是因為它代表了一段「關鍵發展期,可顯示受試對象過渡到成年人身分和生活的過程轉變」。[14]

有些羅大學生懷有戴西、萊恩和尼爾米克所稱的「外在抱負」,例如追求財富或變成名人,我們或可稱之為「名利目標」。也有人抱持「內在抱負」,幫助他人改善生活、學習新知、追求成長皆屬之,我們或可稱之為「目的目標」。在這些學生進入現實世界一兩年後,這幾位學者找到他們,開始追蹤他們的發展。

心存目的目標並且感覺自己已達成所願的人說,他們比大學時期更滿意自己的生活、主觀幸福感更高,很少會焦慮和沮喪。這或許並不令人意外;他們早已為自己訂定了對個人而言充滿意義的目標,如今宿願已償,換成是我們,大部分的人也會心滿意足。

至於心存名利目標的人,該研究所顯示的結果就比較複雜了。自稱已達到目標——累積財富、博得盛名——的人,不管是滿足感、自尊程度或正面效應,比起學生時代來都沒有更高。換句話說,他們雖然達到了目標,卻沒有變得更快樂。不止如此,在焦慮、沮喪和其他負面指標上,這些以名利為目標的畢業生甚且不減反增

> 「除非你感覺到自己歸屬於一種比你更恆久、更偉大的東西,否則你不可能過一種真正優質的生活。」
> ——米哈里・契克森米哈賴

——即使在他們達到了目標之後。

「這樣的結果令人訝異，」研究者寫道，「因為這表示達到某些特定目標〔此處意指名利目標〕，對幸福感不僅毫無增益，事實上還助長了不幸福的感受。」[15]

當我跟戴西和萊恩討論到這些研究結果，他們對它的重要性尤其心有戚戚——因為這些結果顯示，即使我們**真的**得到了想要的東西，那樣東西並不見得是我們需要的。「心懷高度外在財富目標的人最後確實較可能坐擁財富，可是他們還是不快樂，」萊恩告訴我。

或者一如戴西的形容，「一般人的觀念是：你珍視某樣東西，最後得到了它，結果會因為它而感覺更滿足。我們的發現卻是：有些東西雖然你珍視有加，最後也如願得手，結果非但沒有感覺更滿足，反而**更失落**。」

如果參不透這個玄機——滿足感不只是繫於目標的有無，還要看這個目標是否正確——，可能會讓理性的人走上自我毀滅的道路。假設你追求的是名利目標，達到目標後卻沒感覺到更快樂，一個反應就是擴大目標的規模與範圍——去追求更多金錢或更大的外界肯定。「結果就讓他們走上一條他們自以為通往快樂其實更不快樂的路，」萊恩說。

「心存這些目標且達成率很高的人之所以焦慮和沮喪，原因之一是他們缺乏良好的情感關聯。他們忙著賺

錢、自顧不暇，這表示他們的生活中沒有什麼餘裕去容納愛心、關注、關懷、同理心以及其他眞正重要的事物，」萊恩又說。

這些研究結果所勾勒的概略輪廓如果對個人而言爲眞，何獨對組織不然？畢竟，組織是個人的集合體。我並不是說賺錢不重要。賺錢很重要。賺錢一直是成就的重要燃料。但它不是唯一的動力，甚且不是最重要的動力。誠然，細觀史上最偉大的成就，從印刷機的發明、民主憲政的建立到致命疾病的醫治，點燃那些開創者火花、促使他們夜以繼日不斷鑽研的動力是目的——至少不亞於賺錢。一個健康的社會——以及健康的企業組織——都是從目的起步，賺錢則被視爲是朝目的推進的一個途徑，或是達到目標後一個令人開心的副產品。

或許——只是或許而已——，這些戰後嬰兒能夠挑起引領風騷的大樑。關於自主和專精，孩童是鮮活有力的榜樣，成年人應該向他們看齊。但目的是另一回事。要能以大格局思考、慮及自己終究會與草木同朽、參透達成某些目標並非最後解答的弔詭，似乎必須在這個星球上多盤桓些時日。而既然再過不久，這個星球上年過六十五歲的人就會超過五歲以下的小孩——自它開天闢地以來第一次——，這不啻是最好的時機。

追求目的，是人類的本性。而今，這個本性以前所未

見的規模、以不久之前還無法想像的眾多人數，被楬櫫出來並顯現於世。這樣的結果或能讓我們的企業恢復青春活力，讓這個世界得以重生。

　　目前為止，科學所知與企業所為之間的不配稱，一直是本書討論的一個中心主題。這個知與行之間的鴻溝很深，這個現象令人憂心。要縮小這條鴻溝似乎是個令人望而生畏的大工程，不過我們有理由抱持樂觀。

　　關於人類表現以及人類情境，從事人類激勵研究的科學家已為我們提供了更精細也更確切的描述，本書中已介紹過好幾位。他們所揭露的真相很簡單，卻是強而有力。科學指出，二十世紀的典型誘因——胡蘿蔔和棍子，我們不知何故將它視為人類精神「天經地義」的一部分——有時候確有可能奏效。但是，它的有效範圍與情境狹窄得令人吃驚。科學顯示，條件式的獎酬，也就是激勵 2.0 作業系統的主幹，在許多情境下不僅枉然失效，甚至會扼殺富創意、重概念的高層次能力，而這些能力正是當前與未來經濟及社會進步之所繫。科學顯示，優異表現的秘訣並不是我們的生理衝動或趨獎避懲的本能，而是我們的第三驅力——一股無人不有、根深柢固、希冀主導自己生命、展延自己能力、過一種有目的的人生的渴望。

　　要讓企業界和這些真相齊步並進誠非易事。抹殺過去

的觀念很難，要戒除舊習更不容易。要不是因為科學已經證實了下面一些我們已經由衷知悉的事實，我也不會那麼樂觀，認為這個鴻溝不久之後就能縮短。

我們知道，人類並不僅是體型較小、動作較慢、體味不那麼重、只為追逐當天的胡蘿蔔而奔跑的馬。我們知道——只要花點時間跟小孩相處，或將我們的最佳狀態銘記於心——，人類並不是天生被動、處處聽命於人。主動進取、積極投入，這才是我們的先天設計。我們還知道，生活中最富足的感受，並不是來自汲汲營營求取他人肯定的時刻，而是當我們傾聽自己心聲——做點有意義的事、為了超越小我的志業而做、把它做得精采出色——的時候。

因此，歸根結柢，對企業來說，把我們對激勵的理解帶入二十一世紀、修補知與行之間的不配稱，並不只是一個必要之舉。它毋寧是我們對人性的印證。

第**Ⅲ**部

I型工具箱

歡迎來到 I 型工具箱。

要將本書中褐櫫的觀念付諸實踐，這是你的行動指南。無論你是在尋找更好的組織經營模式、探索事業生涯、幫助你的小孩成長，在這裡都可找到適合的法門、最佳工具或一本推薦書。若是需要對這本書做個快速總覽、搜尋某個辭彙，本工具箱也一應俱全。

這一部分不必按照章節次序來讀。挑個你有興趣的條目，一頭栽入即可。一如所有好的工具箱，這也是個功能繁多的百寶箱，足供你一再取用、無限次使用。

附註：我很樂意聽取各位的建議，看未來新版的工具箱應
　　　該納入什麼內容。請直接提供意見給我：
　　　dhp@danpink.com

本工具箱的內容

- 爲個人塑造Ｉ型思維：喚醒個人激勵的九種策略。
  （187頁）

- 塑造Ｉ型組織：改善企業、辦公室或團隊的九種方式。
  （199頁）

- 薪酬待遇禪之道：Ｉ型風格的薪酬方式。（209頁）

- 爲教育人士和爲人父母者進言：培育Ｉ型下一代的九種
  作法。（215頁）

- Ｉ型思維書單：十五本必讀書。（229頁）

- 聽聽大師怎麼說：六位深得三昧的管理思想家。（243
  頁）

- Ｉ型健身計畫：如何獲得運動的動力（並持之以恆）四
  要領。（251頁）

- 《動機，單純的力量》：精華摘要。（255頁）

- 《動機，單純的力量》：名詞釋義。（263頁）

- 討論指南：二十種開啓對話、引人不斷思考與談話的方
  式。（269頁）

- 繼續探索──關於你自己和本書主題。（274頁）

為個人塑造 I 型思維：
喚醒個人激勵的九種策略

　　I 型思維並非與生俱來，而是後天造成。雖然外在誘因在這個世界上鋪天蓋地，要將更多的自主、專精和目的帶入我們的工作與生活，還是大有可為。以下是九種可引導你步入正軌的練習。

替自己做個「心流測試」

　　米哈里‧契克森米哈賴不只是「心流」觀念的發現者，他還將一種巧思獨具、測量心流的新技巧介紹給世人知道。他和他所領導的芝大團隊為研究受試者佩掛上一台

電子傳呼器一個禮拜，接著以隨機的間隔時間（大約一天八次）呼叫他們，要他們形容當下的心理狀態。相較於過去幾種測量方法，這種即時得來的紀錄更誠實也更貼近事實。

在追求專精的過程中，你也可以利用契克森米哈賴的創意巧思，替自己做個「心流測試」。在你的電腦或行動電話做個設定，讓它一星期隨機響四十次。每當鈴聲響起，立刻寫下你正在做的事、當時的感覺、是否正處於「心流時刻」。將這些觀察做成紀錄，從中看出模式，再想想這些問題：

● 什麼樣的時刻會讓你產生「心流」？當時你身在何處？正在進行哪些事情？跟什麼人在一起？

● 一天當中有沒有什麼時刻會讓你特別容易進入「心流」？你該如何根據你的發現重新安排你的日程？

● 你該如何增加最優經驗的次數，減少自己心神不屬或另有旁鶩的時刻？

● 如果你對自己的工作或生涯有疑惑，這個練習是否能為你指點迷津，讓你知道自己內在激勵的真實泉源何在？

首先，來個大哉問……

克萊兒・布瑟・魯斯（Clare Boothe Luce）是最早進入美國國會的女性議員之一。一九六二年，她為甘迺迪總統奉上一句諍言。「偉大的人，」她說。「可以用一句話來作結。」關於林肯，那句話是：「他保住了聯邦，解放了奴隸。」小羅斯福總統是：「他帶領我們走出大蕭條，替我們打贏一場世界大戰。」魯斯是擔心甘迺迪被不同的要務分散了注意力，結果讓他的那句話變得模糊不清。

你不必當個最高首長——不管是美國總統或是本地花草協會會長——，也可以從這則故事中得到啓發。要讓你的生活重心邁向一個格局較大的目的，一個方法是想想自己的那句話該怎麼寫。它可能是：「他撫養四個小孩健康快樂長大。」，也可能是：「她發明了一種讓人類生活更為便利的器物。」可能是：「他關心每個走進他辦公室的客戶，不管那人有沒有能力付出費用。」或是：「她教會兩代的孩子讀書寫字。」

因此，當你思索生命的目的，先從這個大哉問開始：

你的句子是什麼？

……接下來，不斷自問一個小問題

那個大哉問是必要的，但還不夠。小問題的用武之地

就在於此。眞正的成就不可能發生在一夕之間。任何接受馬拉松訓練、學一種新語言或把一家分店經營得有聲有色的人，都可以告訴你，你咬牙苦撐的時間一定遠多於被掌聲環繞的時刻。

要讓自己長保激勵，你可以這樣做：一日將盡，捫心自問：今日之我有沒有勝過昨日之我。你有沒有多做了什麼事？有沒有把它做得很好？或者，說得明確些，你背了十個新單字、打了八個業務電話、吃了五份蔬果、完成了四頁作品沒有？你不必要求每一天都十全十美。你應該做的是尋找小小的進步指標，例如花了多少時間練習薩克斯風、有沒有忍到完成那份你非寫不可的報告後才去開電子郵箱。要確保你到第三千天能夠成爲大師，最好的方法就是時時提醒自己你無需三天就成爲大師。

因此，每晚就寢之前，請自問這個小問題：**今日之我有沒有勝過昨日之我**？

休個施德明的假

國際視覺設計大師施德明已經找到一種保證樂享 I 型人生的絕妙方法。他說，想想先進國家人民的標準模式。他們通常會花二十五年左右的時間學東學西，接下來約莫四十年努力工作，最後才輪到二十年的退休生活。這樣的

人生時間表何其呆板僵化，施德明不禁要想：何不把退休歲月縮減五年，將這樣的悠閒攤提在職場生涯當中？

因此，每隔七年，施德明就把他的視覺設計公司門一關，告訴客戶他一年後才會回來，接著就開始了長達三百六十五天的休假。他利用這段時間雲遊四海，到他從未去過的地方生活，實驗一些新的計畫。聽來很冒險，我知道。但施德明說，他接下來七年的收入常常是這年「休假」中得到的靈感所賜。我把它叫作「休個施德明的假」。當然，這需要相當的規劃和不少積蓄。不過，能換得一整年終生難忘——而且機會不再——的個人探索，放棄大螢幕電視的代價該說是微不足道吧？事實上，這個點子比許多人認為的更務實。所以我考慮幾年後要休個施德明的假，你也應該這樣做。

替自己做個績效評估

績效評估，這個組織生活中一年或兩年就得上演一次的儀式，論樂趣就像牙刷，論生產力就像火車出軌。不管是評估者還是接受評估的人，沒人喜歡績效評估，而它其實無濟於專業的精進，因為回饋報告往往要在工作完成半年後才會出爐（想想看，要是女網好手小威廉斯〔Serena Williams〕或舞蹈名家崔拉‧莎普〔Twyla Tharp〕一年才

191

看到兩次球評或藝評）。然而，企業管理者還是不斷把員工叫進辦公室，進行這種痛苦又尷尬的交鋒。

或許有更好的辦法。或許，一如道格拉斯·麥葛瑞格等學者所建議的，我們應該替自己做個績效評估。方法如下。先釐清你的目標——多半是學習目標，但也要攙雜一些表現目標——，然後每個月把自己叫進辦公室，好好自我評鑑一番。你最近表現如何？哪裡沒有跟上？你或許需要哪些工具、資訊或支持，才能做得更好？

其他的一些提點：

- 設定大目標之餘也要設定小目標，如此，當你進行自我評估的時候到來，至少你已從頭到尾做完了某些工作。
- 務必了解你所有工作環節和自己的大目的之間有何關聯。
- 要絕對誠實。這個練習旨在改善績效、做到專精，因此，若是你無法從中學習，反而一味粉飾錯誤、替自己的失敗找藉口，徒然是浪費時間而已。

如果你不擅長這種獨角戲，不妨找幾個同事組成一個小團體，定期進行這種以同僚為班底、自助式的績效評估。如果你那些同事是有心人，他們會告訴你真話，要你

有所擔當。最後一個問題是給當老闆的人：皇天在上，你為什麼不鼓勵所有的員工都這樣做呢？

靠著諱莫如深脫繭而出

　　即使是內在激勵最強的人，有時也會碰到瓶頸。此處介紹你一個簡單容易又好玩的打氣方法，能讓你的情緒脫繭而出。一九七五年，音樂製作人布萊恩‧伊諾（Brian Eno）和藝術家彼得‧許密特（Peter Schmidt）發行了一套卡片。由於工作時限的壓力如影隨形，他們就靠這些卡片上的策略克服壓力罩頂的時刻。這套卡片共有一百張，每一張都印有一行往往諱莫如深、但能把你推出心理泥淖的敘述或問句。（例如，**如果是你最好的朋友，他會怎麼做？你犯的錯是隱藏於內心的一種渴望。最簡單的解決方法是什麼？重複是改變的一種型態。不必避開簡單的東西。**）如果你正埋首某個案子，發現自己陷入困境，不妨從這疊高深莫測的卡片中抽出一張。雖然某些侷限是在你的掌控之外，但這些話語有如當頭棒喝，能讓你豁然開朗。你可以上 www.enoshop.co.uk/ 購買這套卡片，或上一些深受這些策略啓發的推特網站看看，例如 http://twitter.com/oblique_chirps。

朝專精多走五步

　　要邁向專精，一個關鍵在於佛羅里達大學心理學教授安德斯‧艾瑞克森所稱的「刻意練習」——「為提升特定領域的表現，畢生……費心努力。」刻意練習並不是一天跑個幾哩路，或是每天早上在鋼琴上敲上二十分鐘。它遠比這個更堅決、更專注，還有，沒錯，更痛苦。只要你遵循以下步驟，反覆練習個十年，大師很可能就是你：

- **記住，刻意練習一定有個目標：提升表現**。「多年來每週固定打一次網球的人，如果每次做的都是同樣的事，絕不可能有任何進步，」艾瑞克森說。「刻意練習旨在改變表現、設定新目標、超越自己，一次比一次達到更高的境界。」
- **不斷練習，反覆練習**。不斷重複攸關緊要。偉大的籃球球員不會在每次團體練習結束後立定投籃十次。他們會投五百次。
- **能夠持續看到關鍵性的回饋**。不知自己表現如何，就不可能知道如何改進。
- **不留情地專攻需要補強的地方**。很多人會從自己的強項下工夫，但艾瑞克森指出，「成就更高的人則是專攻自己的弱項。」
- **要有身心交瘁、筋疲力竭的心理準備**。這就是為什

194

麼能堅持到底的人鳳毛麟角，也是它之所以能造就頂尖好手的原因。

韋伯的一頁著作和一張出自你心口的卡片

《快速企業》雜誌創辦人之一艾倫‧韋伯（Alan Webber）的著作《改寫規則的人》（*Rules of Thumb*）見解獨到，其中有個聰明又簡單的練習，能測試你是否正走在自主、專精、目的的路上。準備幾張三乘五吋的空白卡。在一張卡片上寫下你對這個問題的答案：「什麼事會讓你早上願意起床？」現在，翻到背面，寫下你對另一個問題的答案：「你會爲什麼事通宵達旦、徹夜不眠？」把你的答案都精簡成一句話。如果你不滿意某個答案，扔掉卡片從頭再寫，直到你滿意爲止。接著，把寫好的答案讀一遍。如果這兩個答案讓你掌握到一些意義感和方向，韋伯說，「恭喜你。」「將這兩句話當作羅盤，時不時去看看它們對你來說是否依然眞實。如果你對某個答案甚或兩個答案不再滿意，這是你應該思索的新問題：那你打算怎麼辦？」

替自己設計一張激勵海報

辦公室為「激勵」員工而設計的海報一向聲名狼藉。曾經有人這樣挖苦它：「過去二十年來，激勵海報已在全球的職場上造成無可想像的苦難。」不過，誰知道呢？說不定世上第一張激勵海報是絕美之作。說不定在法國拉斯科（Lascaux）洞穴裡發現的壁畫所表達的，即是舊石器時代某激勵名嘴的名言，他在說：「只要你知道自己行進的方向，你絕不會轉錯彎。」現在，你有個機會可以反擊（或是改造這一則古老遺訓）。拜眾多網站之賜，你可以自創屬於自己的激勵海報，不必將將就就，老是看到那種小貓爬出貓籃的照片。你可以隨心所欲做這個練習，嚴肅也好，搞笑也行。激勵是非常個人的事，只有你知道哪些字句或影像能引起你的共鳴。

試試這些網站：

Despair Inc (http://diy.despair.com/motivator.php）

Big Huge Labs (http://bighugelabs.com/motivator.php）

Automotivator (http://wigflip.com/automotivator/）

下面是我自創的兩張海報，算是提供你一些，呃，激勵的靈感吧：

自主：要是你不讓我工作，我就要去找水管了。

專精：此事非關火箭科學。這是刻意練習。

塑造 I 型組織：改善企業、辦公室或團隊的九種方式

不管你是企業的執行長還是新進的實習生，人人都可克盡一份心力，創造出一個令人開心、富生產力、能促進 I 型風格的工作場所。這裡介紹的九種方法可幫助貴組織擺脫過去，步入更光明的激勵 3.0 的世界。

用輔助輪嘗試「百分之二十時間」

你已經看到「百分之二十時間」——組織鼓勵員工將五分之一的工作時間自由花在任何他們有興趣的題目上——所創造的奇蹟。如果你曾經用過 Gmail 或 Google

News，你就是這個措施的受惠者。不過，儘管這個 I 型創意好處多多，要將它化爲正規政策，想來還是令人膽戰心驚。這得花多少成本？如果不奏效怎麼辦？如果你深感躊躇，我有個點子：先來個陽春版——比如說，就從百分之十時間著手吧，算是替百分之二十時間裝上訓練用的輔助輪。以一週上班五天來算，不過就是一個下午而已。（我們哪個人不曾在上班時間浪擲過這樣一段時間？）另外，先別承諾永久實施，試個半年再說。藉由開闢這個小小的自主天地，你不僅幫助別人落實了他們的絕妙構想，也讓他們的怠工時段變得更有生產力。誰知道呢？說不定你旗下哪個人就是下一個便利貼的發明者。

在同儕間鼓勵「既然式」獎酬

位於北卡羅來納州洛利城（Raleigh）的民政與土地規劃公司 Kimley-Horn & Associates，實施了一種會讓 I 型組織欣然蓋章過關的獎勵制度。任何時間、任何員工都有權發放五十美元給任何同事作爲獎勵，不必徵求任何人同意。「這個措施有效是因爲它是即時的，也因爲獎金不是從任何管理階層手上取得，」該公司人力資源部門主管告訴《快速企業》雜誌。「任何員工，只要做了什麼出色的事，幾分鐘內就會獲得同儕肯定。」由於這些獎金是屬於

非條件式的「既然式」獎酬，也就沒有大部分企業獎勵措施的七大致命缺陷。更何況，由於獎金來自同事而非上司，拿在手上別有意義（或許更有意義）。你甚至可說這筆獎金有激奮人心的力量。

進行一場自主性的稽核

貴組織的員工究竟擁有多大程度的自主呢？如果你跟一般人差不多，那你應該是毫無概念。沒有人有概念。不過，有個方法可以測量出來——來場自主性的稽核。請貴部門或團隊所有成員以數字回答以下四個問題（利用 0 到 10 分的量表；0 分代表「幾乎毫無自主」，10 分代表「極大程度的自主」）：

一、你對自己的工作內容，也就是每天的主要職掌和事務，擁有多大的自主權？

二、你對自己的工作時間，例如每天幾點上班、幾點下班、上班時間如何分配，擁有多大的自主權？

三、你對自己的工作團隊擁有多大的自主權？換句話說，你對於經常合作的同事有多大的選擇幅度？

四、你對自己的工作方式，亦即你實際進行主要職掌的方法，擁有多大的自主權？

　　切記，所有人的答案都不能具名。接著統計結果。平均分數為何？在一個自主性最高為 40 分的量表上（北韓監獄的自主性為 0，伍德斯達克音樂會為 40 分），這個數字應該是落在中間。將這個數字跟大家的認知做個比較。說不定老闆認為每個員工都擁有夠多的自由，稽核結果卻顯示平均自主只有 15 分。另外，請將工作內容、工作時間、團隊夥伴和工作方式四個面向的結果，分別計算出來。有時候，某一面向的問題會被看似健康良好的整體平均值給掩蓋住。比如說，你得出的整體分數是 27 分，看來不賴。可是，如果工作內容、團隊夥伴和工作方式的個別平均值都是 8，工作時間卻只有 3，哪裡是貴組織自主性最弱的一環就一目瞭然了。

　　組織經營者對周遭員工的感受渾然不覺，有時候真令人感到難以置信。不過，同樣令人訝異的是，這些領導者一旦看到真實數據，往往都願意嘗試改變。自主性稽核的功用就在於此。如果你在這項稽核中多加一欄，請員工寫下他們關於增進工作自主的點子，說不定還能從中發現一些絕佳的因應之道。

放棄掌控的三個步驟

　　X 型主管喜歡掌控的滋味。I 型主管把掌控權**拱手讓**

人。一般來說，為了讓員工有出色表現而給予他們需要的自由，是聰明之舉，但不見得容易做到。因此，一旦你感覺有插手掌控的衝動，請為你自己也為你的團隊著想，把手放下——以下是三個讓你放手的方法：

一、設定目標時讓員工參一腳。 當你設定自己的目標時，你是情願自己來還是讓別人強加於你？不用想也知道。而為你效力的人跟你又有什麼不同？有可觀的研究顯示，一個人若在建構目標之際投注一份心力，在追求這些目標上會盡心盡力得多。所以，把員工拉進來吧。說不定他們會讓你喜出望外：人瞄準的目標常常比你指定的還高。

二、不要用支配性的語言。 下一回，當「必須」或「應該」已經掛在嘴邊就要脫口而出，試以「考慮」或「想想看」取而代之。遣詞用字的小小改變，能讓員工多些主動投入、少點被動服從，甚或降低員工抗拒的衝動。所以，想想看吧。至少考慮一下，好嗎？

三、設定辦公室開放時間。 有時候，你必須找員工到你的辦公室來。不過，讓他們主動來找你或許還更聰明。你可以向大學教授借鏡。當你的時間表塵埃落定，不妨每星期開放一兩個鐘頭，在這段時間內，任何員工都可以走進來跟你談談心裡的事。你的同仁受惠不說，你或許也可

以學到一些事情。

玩個遊戲：「這到底是誰的目標？」

　　這是另一個專為縮小認知與真實之間的鴻溝而設計的練習。召集你的團隊、部門於一堂——如果可能，全公司所有成員都參加更好。每個人發一張空白卡，請大家以一句話寫下這個問題的答案：「我們公司（或組織）的目的是什麼？」收回所有人的卡片，大聲念出來。這些答案透露出什麼訊息？每個人的答案是大同小異、齊步走向同一個目的呢，還是四分五裂——有的人篤信某個目的，有的人的回答卻南轅北轍，還有人連猜都不願意猜？儘管誇誇高談文化、團結、使命，但大部分的組織在這方面的評估都乏善可陳。這個簡單的提問可以讓你一窺貴企業的靈魂。要是員工不知道他們做的事所為何來，你如何奢望他們有努力做事的動力呢？

利用代名詞測試

　　前美國勞工部長羅伯特‧賴克曾經發明一種聰明、簡單（而且免費）的分析工具，可以為一個組織的健康把把脈。當他和員工談話，會仔細聽他們用些什麼樣的代名

詞。員工在談到自己公司的時候，是用「他們」還是「我們」？「他們」代表了某種程度的事不關己，甚或疏離。「我們」正好相反，表示員工感覺自己正參與某個重要又有意義的盛事、是箇中的一分子。如果你是老闆，花幾天時間仔細聽聽周遭的員工怎麼說——不止在會議之類的正式場合，也包括走道閒談或午餐交談。貴公司是個「他們」組織還是「我們」組織？箇中差異攸關重大。自主、專精、目的，乃人人之所欲。問題是，「我們」做得到，「他們」卻不行。

能激發內在動力的設計

　　網路經濟專家克雷・薛基（Clay Shirky, www.shirky.com）說，最成功的網站和電子論壇都具備一種 I 型基因。它們的設立宗旨多是為了激發內在動力，而且這種意圖往往極其明確。如果你把薛基的諍言聽了進去，你也可以在你的網頁上如法炮製：

● 創造一個讓眾人樂於參與的環境。

● 允許使用者自由發揮。

● 系統盡量開放。

這些條件在虛擬空間裡舉足輕重，在實體空間裡也同等重要。請自問：你所建立的職場環境對於自主、專精和目的是有促進之效呢？還是只會扯後腿？

為你的團隊推動金髮女孩式的工作

幾乎每個人都嘗過金髮女孩式工作的滋味——那種不太難也不太容易，能帶給你甜美心流感受的工作。不過，當你身處團隊，或許很難複製這樣的經驗。你的夥伴做的常是他們一貫做的工作，因為這些事他們做來已是駕輕就熟，幾個倒楣鬼只好擔下一些沒人要做、毫無心流可言的職務。此處提供幾個撇步，或可讓你的團隊增添一點金髮女孩滋味：

- **一開始就招募多元人才進入團隊。**一如哈佛教授泰瑞莎·艾瑪拜爾的建議，「要設立一個能夠互相激發、彼此學習的工作團隊，不要讓大家在背景和訓練上同質性過高。如此，大家可望互為肥料，從彼此的構想中汲取養分。」

- **讓你的團隊變成一個「非競爭」區。**故意讓團隊同事對立，希望藉競爭的火苗激發他們更好的表現，這種策略不但甚少奏效，往往還會弄巧成拙，讓內

在激勵受到戕害。如果你一定要用一個 C 字首的辭彙，請捨棄「互相競爭」（competition），改選「協同運作」（collaboration）或「攜手合作」（cooperation）。

- **稍微變換一下工作。**如果哪個人做膩了自己的工作，問他願不願意訓練別人，把自己已駕輕就熟的技術傳授出去。然後給新手機會，看他能不能接下這位老經驗成員的部分工作。

- **用目的鼓舞士氣，不要拿獎酬當誘因。**什麼也比不上肩負共同使命更能凝聚團隊的感情。創造無與倫比的產品也好，超越外界的競爭對手甚或改變世界也罷，不管你們的共同志業是什麼，大家對它越投入，團隊就越可能繳出亮眼出色、令人深感欣慰的成績單。

將貴公司下一回的場外大會變成聯邦快遞日

來看看一般公司的場外大會——全公司集體到辦公室以外的場所，開幾天充滿勉強的歡樂、刻意製造的士氣、令人精神更委靡的會。尷尷尬尬的打氣談話、令人手足無措的舞會、外加幾場「信任跌」（譯註：Trust Fall，往後倒而讓其他人接住的遊戲）大概都免不了。說句公道話，有些場外會議確實能讓員工充電、重拾工作活力，關於重

大議題的對話也可藉它再度開啓。然而，如果貴組織的場外大會總是中氣不足、氣若遊絲，下回何不試試以「聯邦快遞日」取而代之？騰出一整天的時間，讓員工隨意選擇他們想做的工作，地點、方式、跟什麼人合作，悉聽尊便。你只要確保他們所需的工具和資源一應俱全就好，外加一條規定：隔天一定要拿出成果來──新的構想、產品原型、改良的內部流程皆可。眞正的挑戰要比處處受限的休閒更能激發活力，I 型企業深明此理，X 型組織卻很少搞得懂。

薪酬待遇禪之道：
I型風格的薪酬方式

得到優渥的待遇是每個人的希望。它是我的希望，我敢打賭也是你的希望。符合I型風格的激勵，並不是要大家在基本薪資上討價還價，或要求員工完全義務奉獻，但在薪酬上改弦易轍確實有其必要。

不妨把這種新的薪酬方式視爲一種禪道：對激勵 3.0 來說，要善用金錢，上上之道就是把錢的問題拋諸腦後。

薪資、津貼、福利措施在一個人的工作生活中位置越顯著，就越可能扼殺創意，破壞績效。一如戴西於第三章中的解釋，組織利用金錢這類誘因去激勵部屬，「反而對激勵殺傷力最大。」比較好的作法是給予員工恰當的薪資

待遇——然後將它置之度外。講究效能的組織付給員工薪酬，不管在數額和方式上，多會讓員工把心神集中在工作本身，而將薪事忘得一乾二淨。

以下是三個關鍵作法。

一、無論內部或外部都要確保公平合理

任何薪資福利制度，最重要的環節是公平。此處的公平分兩種：內部的公平和外部的公平。內部公平意指員工薪資要跟組織內做類似工作的同僚相去不遠。外部公平意指員工薪資跟類似組織中從事類似工作的人不相上下。

我們不妨逐一檢視這兩種公平性。假設辦公室裡你跟老李比鄰而座，各有各的小隔間。假設你們擔負的職務相當，經驗也差不多，老李賺的錢卻比你多出一大截，你心裡一定很惱。由於這和內部公平原則相違背，你的士氣勢必一蹶不振。換個情境，假設你跟老李都在《財星》某個名列前兩百大的企業中當了十年的稽核員。當你們發現，效力於其他兩百大企業、同樣經驗的稽核員薪水，竟然高出你們兩倍，你跟老李的士氣勢必會一落千丈，萬劫不復。貴公司已經違反了外部公平的準則（此處有個重要的但書：以I型風格計酬並不表示每個人都領同樣的薪資。要是老李的工作比你繁重或對組織的貢獻勝過於你，他理

當多拿點錢。有好幾個研究指出，大部分的人對這點並無微詞。為什麼？因為很公平）。

　　維持內部及外部的公平性本身並不是一個激勵誘因。但它可以避免大家把錢的問題攤在檯面上，而讓士氣流失殆盡。

二、付薪高於一般行情

　　如果貴公司已具備適當的基準獎勵，內部及外部的公平性也維持得不錯，或可借用一個最初由一位諾貝爾獎得主所提出的策略。一九八〇年代中期，後來榮獲諾貝爾經濟學獎的喬治・阿克勞夫（George Akerlof）以及同為經濟學家的妻子珍妮・葉倫（Janet Yellen）發現，有些公司似乎會付給員工過高的薪資。換句話說，在這些企業裡，員工薪酬要比供需平衡下所預期的薪資稍微高出一些。這些企業並不是忘我無私，也不是沒有大腦，而是因為算盤打得精——阿克勞夫和葉倫發現，只要薪水稍高於一般行情，不但可吸引更優秀的人才、降低流動率，生產力和士氣也會水漲船高。

　　事實上，稍高的薪資反而能夠**降低**企業成本。

　　這個「薪資高於一般」的作法巧妙繞過「條件式獎酬」的陷阱，消弭了關於不公平的疑慮，大家因此不必再

為金錢傷腦筋。這也是另一種讓員工專心於工作本身的方法。確實，其他經濟學者也指出，在提升工作績效和組織忠誠度方面，把基準薪資調高要比誘人的獎金紅利更為有效。

當然，付薪高於一般的作法由於性質問題，只可能對一半的人有效。所以，請搶在你的競爭對手之前，先下手為強。

三、如果你運用多重指標來衡量績效，務必要做到包羅廣泛、切中要點、讓人難以上下其手

假設你是某產品的經理人，薪水高低主要是看有沒有做到下一季的營業目標而定。如果你腦袋靈光或有家小要養，你會用心努力，絞盡腦汁去達到這個目標。你或許不會想到下一季以後自己何去何從、公司體質是否健全、公司在研發方面的投資足不足夠。如果你實在戒慎恐懼，說不定還會暗渡陳倉，以旁門走道達到這一季的目標。

現在，想像你這位產品經理的薪資取決於諸多因素：下一季的銷售額；你本年度的銷售額；公司未來兩年的盈餘和獲利；你顧客的滿意度；創新產品的構想；同仁對你的評價。如果你夠聰明，很可能會努力推銷產品、服務顧

客、協助同仁，還有，對，認真把工作做好。如果評鑑的標準多式多樣、不只一端，要瞞天過海就不容易了。

　　除此之外，員工即使做到了種種標準，得到的利益也不應過高。如果達到目標的回報不是天文數字而是稀鬆平常，員工視野變得狹窄或因受誘惑鋌而走險的可能性，自然減少。

　　要找到正確的多重評鑑標準誠非易事，而且評鑑組合勢必因組織而異，差別極大。另外，制度即使再深思熟慮，有些人就是有辦法鑽縫隙、動手腳。不過，運用足以反映出一個人整體表現的多重評量標準，至少可將效果往往適得其反的「條件式獎酬」，變成效果比較不易揮發的「既然式獎酬」。

為教育人士和為人父母者進言：
培育 I 型下一代的九種作法

　　所有的小孩，一開始都是充滿好奇、不受人掌控的 I 型行為者。但是，許多人最後都成了漫不經心、唯命是從的 X 型。這是怎麼回事？說不定問題出在我們——我們這些經營學校的大人們和當家做主的家長們。如果我們希望這些幼苗能帶著充分的準備進入新的職場天地，更重要的是，如果我們希望他們過著一種自己滿意的生活，我們就得掙脫激勵 2.0 套在學校教育和家庭教養上的桎梏。

　　遺憾的是，一如商業界，學校的所作所為和科學知識之間也存在著不配稱。科學已經知道（如果你讀過第二章，那你也該知道），如果你答應幼稚園學童畫完畫就賞

以一張漂亮的獎狀，這個小孩很可能會為了你而去畫畫，結果和自己畫畫的興趣漸行漸遠。然而，即使證據擺在眼前，即使全球經濟對創意性、概念性、非屬規律的能力要求日高，不計其數的學校卻背道而馳，對例行舊規、標準答案、制式行為反而更加強調。它們甚且祭出一卡車的「條件式獎酬」──多閱讀就有披薩吃、來上課就可能拿到 iPod、考試分數高就可以領獎金。我們這不是在培養學生主動投入的精神；我們是在賄賂學生，讓他們變成順從聽話的乖寶寶。

　　我們可以做得比這個好。我們應該做得比這個好。學校也好，家庭也罷，如果我們希望養出 I 型小孩，就得協助他們走向自主、專精和目的。以下是九種起步的方法，有助於我們開啟這樣的旅程。

對家庭作業施以三段式的 I 型測試

　　孩子的書包被家庭作業塞到爆，真的有助於他們學習嗎？或者，他們的休閒時間被剝奪，純粹只是為了刻畫一種刻苦自勵的假象？春風化雨的老師們，在你拋出另一份耗時的功課前，請先完成這個 I 型的家庭作業測試。請自問三個問題：

- 我有沒有賦予學生自主，讓他們自由選擇在什麼時候、以什麼方式做這個功課？

- 這個功課有無促進專精之效——它是一份饒富新意、引人入勝的作業嗎（而非只是死記一些在課堂上講過的東西）？

- 我的學生是否理解這份作業的目的？換句話說，他們能不能領悟到，回家多做這份作業是對全班大我目標的一份貢獻？

　　這三個問題，只要有一個答案是否定的，能不能請你重新出個作業？至於爸爸媽媽們，能不能請各位時常翻翻孩子們的作業，看這些功課培養的是他們被動服從還是主動投入的精神？我們就別把孩子的時間浪擲在了無意義的習題上吧。只要花點心思和努力，我們可以把家庭**作業**化為家庭**學習**。

辦個聯邦快遞日

　　我們從第四章中學到，軟體公司 Atlassian 每一季都會騰出一整天，讓員工自選有興趣的題目做，方式隨意，跟什麼人合作也悉聽尊便。這個舉措為它的工作環境注入了一劑自主的強心針。何不見賢思齊，把它也用在學生甚

或你自己的兒女身上呢？在學期中挪出一整天（或是全家都放假的某一日），要孩子們想出一個他們希望解決的問題或渴望完成的計畫。事前請從旁輔導他們收集資料，例如可能需要的工具、資料和物品，然後放手，讓他們盡情發揮。隔天早上，請他們發表成果——將他們的發現和心得對全班或全家人做個報告。這就像是《決戰時裝伸展台》（*Project Runway*）那樣的電視節目，只是題目由孩子自擬，而他們的回報是：一天結束後，有機會分享自己的創作以及一路上學到的心得。

自己動手做成績單

走進學校大門，心裡只有一個目標：得到好成績，這樣的學生比比皆是。而要達到這個目標，最保險的就是跟著制度走、別去冒險，老師希望看到什麼答案就寫什麼答案。好成績成了順從聽話的獎勵，跟學習反而沒什麼關聯。另一方面，成績不好的學生則把自己看成失敗者，連嘗試學習都放棄了。

I 型學習則是大相逕庭。成績單並不是獎品；它是針對學生進步提供有效回饋的一種方式。而 I 型學生知道，自己替自己的進步打分數，是取得回饋的一個好辦法。

所以，何妨做個實驗，讓學生自己動手做一張成績

單。學期之初，請學生列出幾項他們最希望做到的學習目標，學期將盡，讓他們親手製作一份成績單，並且針對自己的進步情況寫下一或兩段的評語。他們做到了哪幾項呢？哪些方面猶有不足？還需要什麼樣的努力？等學生完成這份自助式的成績單，老師再把自己寫的成績單拿給他們看，兩相比較後開始對話，就學生在邁向專精這條路上的進度進行討論。你甚至可以將學生拉來參加親師會議（家長們：如果貴子女的老師對這種自助式的成績單不以為然，你可以在家自己做。學校有可能把你小孩的基本設定從 I 型行為者轉變成 X 型，這是預防的方法之一）。

給小孩零用錢也讓他們做家事，但勿把兩者串聯在一起

零用錢對小孩的好處是：擁有些許可自由決定花掉或存起來的金錢是一種自主訓練，可以讓他們學習對金錢負責。

做家事對小孩的好處是：讓孩子知道一個家是建立在彼此的義務上，所以家人必須互相幫忙。

但是，把零用錢和家務事連在一起，對小孩卻**沒有**好處，原因如下。做完家務就可以拿錢，家長等於把零用錢變成一種「條件式獎酬」。這樣會灌輸小孩一個明確（而

且明顯錯誤）的訊息：在無錢可拿的情況下，任何有自尊的小孩絕不會主動去擺碗盤、倒垃圾或疊自己的被子。這不啻是把道德責任和家庭義務轉化成商業交易，小孩學到的是：替家人做這種不甚有趣的雜事，唯一的理由是為了換取金錢。兩件好事加在一起非但沒有加分反而減分，這就是一個很好的範例。因此，請讓零用錢和做家事保持涇渭分明，說不定你還可以看到主動清乾淨的垃圾桶。更好的是，你的小孩會慢慢領悟到原則和報酬之間的分野。

用正確的方式讚美小孩

讚美若是運用得宜，是讓小孩獲得回饋和鼓舞的一種重要方式。但如果運用不當，讚美就成了另一種「條件式獎酬」，創意千瘡百孔不說，內在激勵也會一瀉千里。

綜合心理學者卡蘿‧德威克以及該領域其他學者的重要研究，此處羅列出數種能提升小孩 I 型行為的讚美方法：

● **要誇讚努力和用心，不要誇讚頭腦。**德威克的研究顯示，被誇聰明的小孩相信，所有的挑戰都是在測試他們是否聰明。因此，為避免在別人面前顯得愚笨，這些小孩會選擇最容易的路走，對新的挑戰敬

而遠之。相形之下，知道努力和用功可以邁向成長與專精的小孩，就比較樂於接受艱難的新任務。

- **讚美要明確**。家長和老師給小孩的資訊應該言之有物，好讓他們知道自己表現如何。不要籠統地誇讚一通，要明確告知他們做了哪些值得誇讚的行為。
- **在私下讚美**。讚美是種回饋，不是頒獎典禮。因此，通常來說，讚美最好在私底下一對一進行。
- **只給予真心的讚美**。不要戲弄小孩，虛情假意的讚美，他一眼就可以看穿。讚美要發自肺腑，要不就閉嘴。過度的誇讚會被小孩視為虛偽，感覺自己受之有愧。更何況，過度溢美會變成另一種「條件式獎酬」——小孩會以獲得讚美為目標，而不是努力邁向專精。

協助孩子看到事情的全貌

在我們偏傾於標準化考試、分數和條件式獎酬的教育制度下，學生往往只會埋首讀書，卻不知讀書所為何來。我們不妨設法轉圜，幫助他們一窺事情的全貌。不管他們在學什麼科目，務必要讓他們回答：**我為什麼要學這個？這跟我目前置身的世界有何關聯？**然後帶他們走出教室，把讀到的東西實際運用出來。如果他們在學西班牙文，把

他們帶到能夠實際演練這種外語的辦公場所、商店或社區
中心；如果他們在讀幾何，請他們為學校或家中的增建措
施繪製建築藍圖；如果他們在修歷史課，請他們把所學應
用到某個新聞事件。除了閱讀（reading）、寫作（writing）、
算術（arithmetic），把它當成第四個 R：關聯（relevence）。

參觀五所I 型學校

　　雖然世界上大部分的學校依然構築在激勵 2.0 的作業
系統之上，但許多高瞻遠矚的教育家對小孩飽滿的第三驅
力早已了然於胸。下面介紹五所美國 I 型學校，我們或可
借鏡其作法，從它們的故事裡獲得啟發。

- 「大格局學習」（Big Picture Learning）。自從一
  九九六年，在羅德島的普洛維敦斯（Providence）
  開辦了第一個以學生為中心的公立中學「大博」
  （the Met）後，「大格局學習」就一直致力於創建
  培養投入精神而不要求服從的學校。這個非營利組
  織由兩位深具創新精神的資深教育家丹尼斯・李特
  基（Dennis Littky）和艾略特・瓦謝（Elliot
  Washor）創辦，如今已在全美成立了六十餘所放手
  讓學生負責自己教育的學校。這些學生必須學習基

本課程，但他們會**活用**這些基本學識，並藉由實際
的社區服務習得其他技能——這一切都有一位經驗
豐富的導師在旁指導。另外，他們的評鑑標準並不
是容易做假的激勵 2.0 作業系統，而是以大人的評
量指標為之——工作績效、個人的公開表達能力、
努力程度、做事態度和行為表現。「大博」和其他
大格局學習學校收的學生，多半是「岌岌可危」的
低收入及弱勢家庭小孩，在傳統學校很難出得了
頭。拜這種創意獨具的I型教育之賜，得以繼續攻
讀大學的畢業生高達九成五以上。欲知更多資訊，
請上http://www.bigpicture.org/（秉持充分揭露原
則，在此敬告各位：自二○○七年起，本人便無酬
擔任「大格局學習」的董事至今）。

● **瑟谷學校**（Sudbury Valley School）。再來瞧瞧這
所設於麻州法明罕市（Framingham）的獨立實驗學
校，看看擁有真正自主的孩童可能產生什麼樣的火
花。這所學校的基本理念是：人類生來就好奇，出
於主動的追求，能讓學習者獲致最好的學習效果。
舉凡學習的內容、時間和方式，瑟谷學校都給予學
生最大的自主空間，老師和行政職員只是協助學生
實現計畫。在這所學校裡，被動服從完全不是選
項，主動投入才是王道。欲知詳情，請上http://

www.sudval.org/。

- **萬能小工匠學校**（The Tinkering School）。與其說是學校，不如說是實驗室，這個由電腦科學家基佛．塔利（Gever Tulley）創立的夏令營，任由七至十七歲的兒童與青少年玩弄趣味，創造出很酷的作品。在它位於加州孟塔拉（Montara）的總部裡，這些小小工匠曾經造出滑降索、摩托車、雲霄飛車、會刷牙的機器人，更用塑膠袋搭出一條牢固到可以讓人通行的吊橋。很多人沒辦法把小孩遠送到加州，接受一星期敲敲打打的工藝訓練，不過人人皆可從〈五樣你應該讓小孩做的事〉中得到啟發——這是塔利二〇〇七年在 TED 線上演講平臺中的一場演說，大家不妨花九分鐘仔細聽聽，然後將一把瑞士刀、幾種電動工具、幾盒火柴交給你的小孩——自己默默走開。欲知更多內容，請上http://www.tinkeringschool.com/（可連線到塔利的演說）。

- **普捷灣社區學校**（Puget Sound Community School）。跟瑟谷學校和「大格局學習」一樣，這所規模迷你、設於華盛頓州西雅圖的獨立學校，也允許學生擁有充分的自主性，讓傳統學校「人人通用」的教育方式整個改頭換面。每個學生都有個顧

問充當私人教練，協助學生自擬學習目標，而所謂
「學校」，是正式上課搭配學生自己發想的獨立研
究專題，外加學生自行設計的社區服務。由於這些
年輕學子時常走出校園，學習過程中能掌握到清楚
而符合現實世界的目的感。這裡的學生也不必汲汲
追求分數，因為顧問、老師和同儕會頻繁給予非正
式的回饋。欲知詳情，請上 www.pscs.org。

● **各地的蒙特梭利學校。** 早在一九○○年代初期，義
大利幼兒教育學家瑪麗亞・蒙特梭利（Maria
Montessori）因為觀察到孩童與生俱來的好奇心和
內在的學習欲望，蒙特梭利教學法於焉發軔。憑著
她對這股第三驅力的理解，這樣的學校如今已在全
世界開枝散葉，尤其是專收學齡前兒童的幼兒學
校。蒙特梭利教學法的許多核心理念和激勵 3.0 的
中心思想不謀而合──只要是出於自主、獨立的學
習，兒童自會專心投入；老師應以「旁觀者」和推
動學習者自許，而非只是發號施令、傳道授業；兒
童天生就有極度專注、心無旁鶩、感受心流的傾
向，大人最好順其自然，別去干涉。雖然以蒙特梭
利觀念辦學的國中和高中寥寥可數，但所有的學
校、教育人士和家長，都可從這種歷久不衰、卓然
有成的兒童教學法中學到一課。在檢視蒙特梭利教

學法的同時，也請參考另外兩種同樣可促進 I 型行
為的學習法：瑞吉歐・艾米麗亞（Reggio Emilia）
的幼兒教學理念和華德福學校（Waldorf Schools）。
請上以下網站查詢：www.montessori-ami.org、
www.montessori.org、www.amshq.org、www.reggio-
alliance.org、www.whywaldorfworks.org。

從反學校教育者身上學習

　　過去二十年來，在家學習（homeschooling）運動在
美國風起雲湧，以驚人幅度不斷成長。在這場運動當中，
增長最快的是「反學校教育者」（unschoolers）——許多
家庭不再使用正式課程，而是放任孩子盡情探索、學習他
們感興趣的東西。反學校教育者是將I型學習用於教育領
域的先鋒部隊之一，他們提倡自主學習，讓我們的幼苗決
定自己要學什麼、如何學習；他們鼓勵專精，只要是孩童
喜歡的科目，隨便花多少時間或投入多深都沒關係。即使
你或你的小孩對這種教育型態不以爲然，還是可從這些饒
富創新精神的教育人士身上學到一二。請先從約翰・泰
勒・蓋托（John Taylor Gatto）的精采著作《把我們變
笨》（*Dumbing Us Down*）讀起。翻翻《在家教育雜誌》
（*Home Education Magazine*），上它的網站瞧瞧。網上還

有許多反學校教育的網頁，不妨鎖定幾個瀏覽一番。欲知詳情，請上www.homeedmag.com、www.unschooling.com、www.sandratodd.com/unschooling.

把學生變老師

要知道你對某樣事情是否已達專精，最好的方法之一是試著去教別人。給學生這樣的機會。從教學進度中找個涵蓋廣泛的主題，讓班上每個同學都負責一部分——然後請他們輪流上台授課，將學到的東西講給其他同學聽。等到他們成功達陣，廣邀其他班級、教師、家長或學校長官一起聽講，以學生為師從中學習。

另外，在學期之初把每個學生最喜歡的科目和專長調查清楚。將這些小小專家製成名冊，學期中若有需要，隨時徵召。教學相長，整個班級都是老師，整個班級就都是學習者。

I型思維書單：
十五本必讀書

　　自主、專精、目的是人類情境不可或缺的組件，無怪乎眾多寫手——從心理學家、新聞從業者到小說家——總在探索這三大元素，試圖理解這些要素對人生所代表的意義。以下這份以作者字母排序的書單當然稱不上完整，但對有心打造I型人生的人來說，是很好的起點。

書名：《有窮與無窮的遊戲：把人生看成玩耍和無限可能》（*Finite and Infinite Games: A Vision of Life as Play and Possibility*）
作者：詹姆斯・卡思（James P. Carse）

　　這是本小而雅的書,宗教學者卡思在其中描述了兩種遊戲。「有窮的遊戲」有贏家也有終點,目的在於求勝;「無窮的遊戲」沒有贏家也沒有盡頭,目的是不間斷地玩下去。卡思指出,我們在工作職場和人際關係上,對非勝即敗的遊戲早已習以為常,事實上,不計輸贏的遊戲遠比這種非要分個勝負高下不可的遊戲更有裨益。

　　I 型珠璣:「有窮遊戲的玩家運作在界線之內;無窮遊戲的玩家運作界線本身。」

書名:《我比別人更認真》（*Talent Is Overrated: What Really Separates World-Class Performers from Everybody Else*）

作者:吉歐夫·柯文（Geoff Colvin）

　　大師級的成就者和一般好手差別何在?《財星》雜誌總編輯柯文提出證據,顯示答案有三:練習、練習、練習。不過,他說,這不只是普通的練習;其奧祕在於「刻意練習」:以堅強意志對刻苦難熬但絕對有效的技能一遍遍地反覆練習。

　　I 型珠璣:「只要訂定目標,決心成為你這個行業的專家,你會立刻動手去做各種你現在並沒有在做的事。」

書名:《快樂,從心開始》（*Flow: The Psychology of Op-*

timal Experience）

作者：米哈里・契克森米哈賴

要說我們為什麼要對熱愛的事情努力投入，沒有比契克森米哈賴這本里程碑之作更有說服力的了。這本書描述的是當人類進入忘我、感覺一切在握、心中除了眼前目的別無旁騖之際所感受到的心動神馳。本書也舉出實證，看某些人如何將至為枯燥無味的工作化為樂趣與滿足兼具的挑戰。

I型珠璣：「一般人以為，生命中最美好的時光，莫過於心無罣礙、感受最敏銳、完全放鬆的時刻，事實卻不然。雖然這種時候，我們也可能體會到辛苦掙來的快樂，但最愉悅的時刻通常在一個人為了艱巨而值得的事情，把體能和智力都發揮到極致時出現。」

關於契氏更多的論述，請參考他另外三本著作：《生命的心流》（*Finding Flow: The Psychology of Engagement with Everyday Life*）；《創造力》（*Creativity: Flow and the Psychology of Discovery and Invention*）以及經典之作《厭倦與焦慮之外》（*Beyond Boredom and Anxiety: Experiencing Flow in Work and Play*）。

書名：《勿揠苗助長》（*Why We Do What We Do: Understanding Self-Motivation*）

作者：愛德華·戴西與李察·福勒斯特（Richard Flaste）

一九九五年，愛德華·戴西寫了一本書，將他的堅實理論簡要介紹給一般讀者。他以乾淨利落、深入淺出的文字解釋自己實驗的來龍去脈，除了論析一個以控制為基石的社會可能產生的侷限，也告訴大家如何在人生諸多場域中追求更高的自主。

I 型珠璣：「很多人問：『我該如何激勵別人去學習、去工作、去做家事甚至去吃藥呢？』這些問題都問錯了，因為這些問題的言下之意是：激勵是設法把一樣事情拿去給別人做，而不是讓人主動去做這件事。」

書名：《心態致勝》（*Mindset: The New Psychology of Success*）

作者：卡蘿·德威克

史丹佛大學的卡蘿·德威克將她數十年的研究成果精鍊成兩個簡單的觀念。她說，人的心態分兩種。抱持「定型心態」（fixed mindset）的人相信，天賦和才能都是先天註定、不能更改；「成長心態」（growth mindset）的人則認為，天賦和才能能夠後天培養、調教有成。定型心態的人把人生所有際遇都視為掂量自己斤兩的測試，成長心態的人則視之為自己更上層樓的契機。德威克傳遞的訊息是：選取成長心態為佳。

I 型珠璣：如何從定型心態轉為成長心態，德威克在這本著作和她的網站上（www.mindsetonline.com）提出了具體步驟：

- 學會辨識定型心態的「聲音」，它可能損及你的延展能力。
- 不要把艱難挑戰解讀成路障，要將它視作延伸自己能力的機會。
- 使用有成長空間的語言，例如：「我不確定我現在做不做得到，但我相信假以時日再加上努力，我終究可以學會。」

書名：《然後，我們就 Bye 了》（*Then We Came to the End*）

作者：約書雅・費瑞斯（Joshua Ferris）

作者這本充滿黑色幽默的處女作是本警世小說，讓我們見識到 X 型職場對士氣的戕害有多大。小說背景是芝加哥一家未具名的廣告公司，員工花在吃免費甜甜圈、爭權卡位的時間要多過正經做事——一方面人人自危，不知道什麼時候會被叫去見老闆（譯註：walking Spanish down the hall，職場術語；比喻即將被裁員的員工走到上司辦公室的這段過程，彷彿死刑犯走到行刑臺的最後一段路）。

I 型珠璣：「他們取消了我們的鮮花、暑期休假和紅利獎金，薪資凍結了，徵聘凍結了，數不清有多少個員工活像解體的木乃伊被丟出了大門。我們倒還保有一項福利：升遷的遠景。新的頭銜——沒錯，論薪水一毛也沒多，論權力無異於海市蜃樓，不過是管理階層為了避免我們叛變而虛造出來的一個廉價又精明的工具罷了，但是當耳語傳開，說哪個人往上跳了一級，這人這天就會比平日沉默，午餐吃得比平常久，回來時拎著大包小包購物袋，一下午都在輕聲細語講電話，當晚什麼時候離開隨他高興——而我們其他人則是不斷收發電郵，大談『不公平』、『不確定感』這類高深的主題。」

書名：《把事做好：當卓越遇見道德》（*Good Work: When Excellence and Ethics Meet*）

作者：霍華德·嘉納、米哈里·契克森米哈賴、威廉·戴蒙（William Damon）

在一個市場力量無情推進、科技閃電般推陳出新的年代，你該如何「把事做好」？請牢記三個基本原則：你所從事行業的**使命**；其**標準**或曰「最佳典範」何在；你自己的**定位**。雖然這本書主要是從基因學領域和新聞界裡舉證，但它的精采洞察也適用於無數深受動盪時代衝擊的行業。除了出書，這三位作者也延續努力，不斷在網上

（www.goodwork.org），為我們找出能展現「把事做好」精神的個人和組織。

I 型珠璣：「要是你早上醒來害怕去上班，因為每天的例行事務不再符合你的道德標準，你該怎麼辦？」

- 找同業或外界人士成立小組或論壇，將你目前的影響力範圍擴大。
- 跟現有的一些組織共商，以確認你這個行業的價值觀或研擬出新的準則。
- 表明立場。沒錯，這很冒險，但基於道德理由離開一份工作，並不表示你就一定得離棄你的職志。

書名：《異數：超凡與平凡的界線在哪裡？》（*Outliers: The Story of Success*）

作者：麥爾坎・葛拉威爾（Malcolm Gladwell）

藉著娓娓述說一系列引人入勝的故事，作者巧妙地對「靠自己奮鬥有成」的觀念做了當頭棒喝。葛拉威爾指出，成功的因素複雜得多；高成就的人——從加拿大曲棍球代表選手到比爾・蓋茲到披頭四——之所以成為他們各自領域的頭角崢嶸者，常是挾著文化、天時、地利、機運等隱藏優勢所致。讀這本書能讓你重新省思你自己的道路，更重要的是，你會想到有多少人因為缺乏這些優勢而

讓他們的潛能成了人類錯失的遺珠。

I 型珠璣：「歸根結柢，讓我們快樂的不是在朝九晚五之間賺了多少錢，而是這份工作能不能讓我們感到圓滿豐足。假設你有兩個選擇，一是一年賺七萬五美金的建築師，一是年薪十萬美金、但一輩子都關在一個收票亭裡工作的收票員，你會選哪一樣？我猜你會選前者，因為對大部分的人來說，從事創意工作所涉及的多樣性、自主性以及努力和回報之間的關聯性，都比金錢來得珍貴。」

書名：《政敵團隊：林肯的政治天才》（*Team of Rivals: The Political Genius of Abraham Lincoln*）
作者：桃樂絲・古德溫（Doris Kearns Goodwin）

在這本趣味橫生的大眾歷史書中，史學家桃樂絲・古德溫直指前美國總統林肯為 I 型行為者的典範。為了在法律界和政壇達到專精，他孜孜矻矻，勤奮努力。他延攬他最強悍的政敵共組政府，賦予他們權力和自主。他開創了一種以更高目的——終結奴隸制度，讓聯邦保持完整——為根基的領導風格。

I 型珠璣：古德溫點出林肯諸多深具 I 型風格的領導技巧，茲舉數端如下：

● 他有高度的自信，因此即使某些政敵在若干領域的

能力遠勝於他，他也不怕他們環繞身旁。

● 他真心聆聽他人意見，這有助於他集思廣益，融會成自己更複雜的洞見。

● 他對有功的人不吝稱揚，也不怕接受別人責難。

書名：《業餘者：四個年輕人的故事，追求奧林匹克金牌的一場征旅》（*The Amateurs: The Story of Four Young Men and Their Quest for an Olympic Gold Medal*）

作者：大衛・霍伯斯坦（David Halberstam）

是什麼力量，驅使一群男人為了一種沒有金錢報酬可期、也不見得成名有望的運動，忍受不足為外人道的身體苦痛和疲累？這是這本扣人心弦的紀實傳記的中心疑問。這本由知名普立茲新聞獎得主霍伯斯坦執筆、以一九八四年美國划船賽事為題而寫的書，能讓你一窺內在激勵的熊熊烈火。

I 型珠璣：「沒有私人包機或巴士把這幾名運動選手帶到普林斯頓。沒有船隊經理替他們把行李從巴士上拎到旅館櫃檯、打理這個那個，好讓他們只需在用餐時間現身露面簽個帳就好。他們的世界只有搭便車和借宿，至於吃飯，這幾個餓壞了的年輕人如果討不到免費食物，預算也是掐得死緊。」

書名：《用獎賞來處罰》（*Punished by Rewards: The Trouble with Gold Stars, Incentive Plans, A's, Praise, and Other Bribes*）

作者：艾菲·柯恩（Alfie Kohn）

對於史基納所提「如果這樣做就會得到某結果」的行為理論，我們的社會向來盲目接受，曾經當過老師的柯恩卻迎面拋出挑戰。這本出版於一九九三年的書，以涵蓋學校、工作、私人生活的旁徵博引，對外在激勵提出控訴，並且勾勒出一個沒有外在誘因存在的令人嚮往的遠景。

I 型珠璣：「獎賞會不會讓人得到激勵呢？絕對會。獎賞會激勵你去爭取獎賞。」

柯恩在兒童教養、教育及行為方面已有十一本著作問世，關於獎懲主題的撰述也不下數十篇，無一不是顛覆傳統、耐人尋味之作。欲知更多，請上：www.alfiekohn.org。

書名：《一日跑者，終身跑者》（*Once a Runner*）
作者：約翰·帕克二世（John L. Parker, Jr.）

帕克這本小說於一九七八年初版，拜一群志同道合的書迷之賜，時至今日依舊活躍於書市。該書對長跑者的心理提供了一種迷人的審視。主角是個熱愛長跑的大學生坤東·卡西迪（Quenton Cassidy），透過他的故事，我們看到了專精必須付出的代價——以及當專精體現時的那股酣

暢淋漓。

I型珠璣：「他跑，不是因為抱持祕教般的信仰，而是為了贏得比賽，為了快一步攻城掠地。不但為了勝過同僚，也為了勝過他自己。為了比一年前或一星期前的自己更快個十分之一秒，更多跑個一吋、兩呎或兩碼。三維空間的世界為他的身體帶來侷限，而他一心要挑戰這個極限（如果時間是第四維空間，那它也會成為他的版圖）。如果他可以克服自己的弱點、內心的怯懦，他就不必再擔心其他；它終究會來。」

書名：《藝術之戰》（*The War of Art: Break Through the Blocks and Win Your Inner Creative Battles*）

作者：史蒂芬·普萊斯菲爾德（Steven Pressfield）

要爭取創意自由，途中勢必有許多擋路石，而當我們摩拳擦掌，準備做出一些不凡事蹟時，也會碰到許多阻力。普萊斯菲爾德這本劇力萬鈞的書，既是對這些路障的睿智省思，也是一本鬥志激昂、力圖克服阻礙的教戰手冊。如果你在邁向專精的路途上需要一劑快速的提神藥，看這本書就對了。

I型珠璣：「或許，人類還沒有做好爭取自由的準備。或許自由的空氣過於純淨，讓我們難以呼吸。沒錯，如果跟自由為伍的生活有夠容易，我也不會針對這個題目

寫這本書了。弔詭的是，一如蘇格拉底很早以前就昭示我們的，真正自由的個人到底有多自由，要看他能夠主宰自己多少而定。那些控制不住自己的人，註定得去找別人當主人來統治自己。」

書名：《夥計，接棒》（*Maverick: The Success Story Behind the World's Most Unusual Workplace*）

作者：李卡多‧塞姆勒（Ricardo Semler）

　　雖然許多企業老闆都是控制狂，但塞姆勒說不定是世界上第一個自主狂。透過一連串顛覆傳統的管理舉措，塞氏企業（Semco）在他的掌舵下有如脫胎換骨。在這座巴西工廠裡，他解散了大部分的高階主管、取消職務頭銜、讓旗下三千名員工自行決定工作時間、重大決策人人有投票權，甚至讓某些員工自己決定拿多少薪水。在塞姆勒的（無為）領導下，塞氏企業過去二十年來，每年始終維持著百分之二十的高成長率。《夥計，接棒》和他的近作《傳統週末的終結》（*The Seven-Day Weekend*）是塞姆勒的夫子自道，描述他如何將自己打破窠臼又效果昭彰的管理思維付諸實踐。

　　I 型珠璣：「我希望塞氏企業所有的員工都自給自足。公司很有制度──或許這個形容詞不太適合我們──，所以不會過於依賴任何人，尤其不必依賴我。我引以為傲的

是，曾經有兩次我出門很久才回來，發現我的辦公室遭到了搬遷——每一次都變得更小。」

書名：《第五項修煉：學習型組織的藝術與實務》（*The Fifth Discipline: The Art and Practice of the Learning Organization*）

作者：彼得‧聖吉（Peter M. Senge）

在這本管理經典中，聖吉將「學習型組織」介紹給讀者——在這樣的組織裡，自主性思維和未來的共同願景不僅是受到鼓勵而已，更被視為是組織健康的要件。聖吉的「五項修煉」不啻是Ｉ型組織的睿智良伴。

Ｉ型珠璣：「具備高度專精的人，對他們內心懸念最深的事情一貫都能修得正果——事實上，他們看待自己人生的態度和藝術家看待藝術殊無二致。他們之所以能臻至化境，憑藉的是他們對終生學習的奉行不輟。」

聽聽大師怎麼說：
六位深得三昧的管理思想家

　　雖然擁抱 I 型思維的公司行號少得令人氣餒，但說到建構這樣的企業，藍圖早已近在咫尺、唾手可得。如何設計一個自主、專精和目的皆有進益的組織，以下六位管理界思想家早有智慧指引。

道格拉斯・麥葛瑞格
　　人物介紹：社會心理學家，最早任教於麻省理工史隆管理學院的創院學者之一。一九六○年出版里程碑之作《企業的人性面》，為久旱的管理實務界帶來一陣人文精

神的甘霖。

重要觀念：X 理論和 Y 理論。麥葛瑞格提出了兩個截然不同、在人性本質的假設上南轅北轍的管理觀點。第一種觀點稱為「X 理論」，指人天生好逸惡勞，工作純粹是為了金錢和安穩，因此需要外力控制。第二種稱作「Y 理論」，指工作對人類來說就跟休息或玩耍一樣自然，而主動精神和創意人皆有之，只要有目標吸引他們投入，他們自然樂於承擔責任。麥氏認為，Y 理論不但較為正確，論成效也更勝一籌。

I 型珠璣：「管理者時常對我抱怨，說『時下』的部屬都不肯負擔責任。讓我覺得有趣的是，我發現這些管理者每每對屬下的日常表現虎視眈眈，有時候甚至監控到比他們低個兩、三級的部屬。」

附帶補充：我在第三章解釋過，《企業的人性面》是激勵 3.0 作業系統的重要祖師之一。麥葛瑞格這本書雖然寫於半世紀前，但他對控制手段諸多侷限的觀察依舊敏銳智慧、歷久彌新、中肯貼切。

彼得‧杜拉克（Peter F. Drucker）

人物介紹：二十世紀最有影響力的管理思想大師。著作量驚人，總計出版過四十一本書，兩代的企業層峰莫不

受到他的思維影響。曾獲美國總統自由勳章，在克萊蒙研
究大學（Claremont Graduate University）商學院春風化雨
三十載，如今該學院已冠以他的大名。

重要觀念：自我管理。「杜拉克最主要的貢獻並非一
個單一觀念，」詹姆・柯林斯（Jim Collins）寫道，「而
是整體作品所蘊含的一個巨大優勢：他幾乎所有的看法基
本上都是對的。」杜拉克鑄造了「知識工作者」這個名
詞，預言了非營利組織的興盛，是強調企業策略要以顧客
為尊的先驅之一。不過，他最為人熟知的，雖是企業經營
管理的思想，生涯晚期卻為我們標示出下一個有待開闢的
管理疆域：**自我管理。**他認為，隨著人類壽命不斷延長、
工作保障日漸式微，每個人都必須認真思索自己優勢何
在、能做出什麼貢獻、如何讓自己表現更上層樓。「有能
力管理自己，」他在二〇〇五年辭世前不久寫道，「這個
必備條件正在開啟一場人類情境的革命。」

｜型珠璣：「要求知識工作者自己界定工作內容和工
作結果誠屬必要，因為知識工作者必須是自動自發……
工作者應該對自己的工作計畫深思熟慮，之後才呈現於他
人面前。**我應該把重點放在什麼地方？我應該預期到並為
什麼樣的成果負責？時限應該定在什麼時候？**」

附帶補充：杜拉克著作等身，書寫他的作品也枚不勝
數，不過從《每日遇見杜拉克》（*The Daily Drucker*）讀

起是很好的開端。這本精選集將他作品中的雋永精華萃取成書，選出了三百六十六篇短文，並附以將其觀念付諸實踐的「行動準則」。關於「自我管理」，請看二〇〇五年杜拉克刊載於《哈佛管理評論》的文章：〈管理自己〉。請上www.druckerinstitute.com，這個網站可以讓你得知更多資訊，並進入杜拉克著作的數位檔。

詹姆·柯林斯

人物介紹：當今企業界最有權威的聲音之一。商管名作包括《基業長青》（*Build to Last*，與另一位作者傑瑞·薄樂斯〔Jerry Porras〕合著）、《從 A 到 A⁺》（*Good to Great*），最新力作為《巨人如何衰敗》（*How the Mighty Fall*）。曾在史丹佛大學企管研究所任教多年，現於科羅拉多州博德市（Boulder）經營自己的管理研究實驗室。

重要觀念：**自我激勵、邁向偉大**。「把精神花在激勵他人身上，多半只是浪費時間，」柯林斯在《從 A 到 A⁺》寫道。「只要你找對人上車，他們自會自我激勵。因此，真正的問題就變成：**你要如何管理，才不至於讓這些人的激勵變得委頓？**」

I 型珠璣：要創造一個自我激勵蓬勃興盛的文化，柯

林斯指出基本作法有四：

一、「多問問題，不要直接給答案。」

二、「激發對話和辯論，而非高壓統治。」

三、「事後檢討，但不責怪。」

四、「建立『紅旗機制』預警系統。」換言之，要塑造一種氛圍，讓員工和顧客發現問題時願意開口直諫。

附帶補充：請上 www.jimcollins.com，除了更多柯林斯作品的相關內容，你也可以在此找到極好的分析工具、指南和影帶。

卡莉・雷斯勒和裘蒂・湯普森

人物介紹：這兩位人力資源專家於效力 Best Buy 期間，說服該公司總裁，就一種堪稱前衛的管理新制進行實驗，後來將這段經歷寫成《員工不進辦公室，老闆更輕鬆》（*Why Work Sucks and How to Fix It*）一書。目前自營顧問公司。

重要觀念：只問結果的工作環境（ROWE）。一如第四章的描述，在這樣的工作環境裡，員工享有完全的自主，可以自選什麼時候、什麼地方、用何種方式工作。唯

一重要的是工作成果。

I型珠璣：ROWE 的幾個基本原則：

「要讓所有層級的員工都不再從事任何浪費他們時間、顧客時間或公司時間的事務。」

「員工有自選工作方式的自由。」

「所有的會議都可選擇參不參加。」

「這裡沒有工作時間表。」

附帶補充：欲知更多詳情，請上 www.culturerx.com。

蓋瑞·哈默爾

人物介紹：「世界首屈一指的企業策略專家，」這是《新聞週刊》的盛譽。知名鉅作《競爭大未來》（*Competing for the Future*）的作者之一，倫敦商學院（London Business School）客座教授，並於美國加州創辦顧問公司 MLab，以先鋒之姿傳揚「管理的射月行動」——利用一整套重大措施對組織經營的理論和實務進行改造。

主要觀念：管理是一門落伍的科技。哈默爾將管理比喻為內燃機，一種大體上已經停止進化的科技。哈默爾說，若是用時光機把某一九六○年代的企業執行長帶到二

〇一〇年，這位執行長「會發現，當今的管理成規在許多方面和一代或兩代前的經營手法，並沒有什麼兩樣」。難怪了，哈默爾說，「現代管理界的主要工具和技巧泰半是十九世紀出生的人發明的，當時美國內戰才結束未久。」如何解套？破釜沉舟，爲這門垂垂老矣的科技進行天翻地覆的改造。

I 型珠璣：「下一回開會的時候，當大家七嘴八舌討論要如何從公司人力中再多榨出一分表現，你或許可以問：『要求我們員工這樣賣老命，好處都是誰的？目的又何在？而我們自己有沒有全心投注於這樣一個眞正值得他們自動自發、窮盡想像、熱情投入的目的呢？』」

附帶補充：哈默爾與比爾‧布林（Bill Breen）合寫的《管理大未來》（*The Future of Management*）是一本重要的必讀書。欲知更多哈默爾的理念和研究，請上 www.garyhamel.com 和 www.managementlab.org。

I型健身計畫：如何獲得運動的動力（並持之以恆）四要領

　　跑步包含了所有的I型元素。它要靠你自動自發。它容許你追求專精。而對跑步鍥而不捨、甘之若飴的人，常是抱著一個更大的目的而跑──也許是測試自己的極限，也許是為了保持健康活力。以下介紹四點I型風格的健身要領，有助於你將內在激勵從辦公室和教室帶入另一個生活領域。

　　設定自己的目標。不要接受制式、有如模子刻出來的運動計畫。針對你的需求和體能狀況，量身打造出自己的目標（你可以找個專家協助擬定計畫，但最後定奪在你）。

設定正確的目標也同等重要。不計其數的行為科學研究顯示，因為外在原因而去減肥的人，例如希望參加某人婚宴或同學會時顯得苗條好看，常能如願以償、瘦身有成，但一旦事過境遷，體重立刻回升。反觀那些受內在目標驅策的人，例如為增加自信或以家人為念而願意保持健康，一開始或許進步較慢，長期來看成效卻好得多。

拋開跑步機。除非你真的很喜歡踩跑步機。要是進健身房對你來說，是個令人生畏的苦差事，就找個你喜歡的健身方式吧——能讓你產生酣暢淋漓的心流時刻就好。呼朋喚友，一起打一場非正式的網球或籃球賽；加入業餘球隊；到附近公園散步；扭腰擺臀跳個半小時的舞；跟你的孩子玩遊戲。好好運用湯姆索耶效應——讓你的工作變成玩耍。

時時以專精為念。能在某件事情上更上層樓，是恢復精力的一大源泉活水。所以，請挑個可以隨時間而進步的活動去做。隨著時間推進，不斷增加難度——想想金髮女孩式的工作——，替自己設定更艱苦的挑戰，你會活力再現，鬥志長存。

以正確的方式犒賞自己。如果要你運動真的像是天人

交戰，不妨考慮上「把你盯住」（www.stickk.com）做個實驗。這是一個公開做出承諾、如果沒做到就得繳錢的網站──繳給朋友、慈善機關甚或反慈善團體都行。不過，大體來說，不要用「條件式獎酬」來賄賂自己，例如：「如果我這星期運動四次，就要替自己買件新襯衫」。這樣會產生反效果。偶爾來個「既然式獎酬」如何呢？那沒問題。所以，要是你游泳游到了這星期你想游的距離，事後去按摩犒賞自己倒是無傷。不僅無害，說不定還會讓你心曠神怡。

《動機，單純的力量》
精華摘要

　　本書包羅範疇甚廣，你可能一時無法想起書中所有的內容。這裡以不同角度為你歸納出三種摘要，你不妨分別稱為談話重點、課堂複習、記憶指南。

放在推特上的摘要[*]

　　胡蘿蔔和棍子早已是上個世紀的老古董了。《動機，單純的力量》說，要在二十一世紀發光發熱，我們必須讓

---

[*] 推特要求最多一百四十個字（www.twitter.com）。如果你想以這段綱要重新推文或自己寫一篇，請自便。

自己升級到自主、專精和目的的境界。

供雞尾酒會用的摘要：*

說到激勵，科學所知和企業所爲之間有一條鴻溝存在。目前的企業作業系統是以胡蘿蔔和棍子這類外在誘因作爲核心，不僅效果不彰，還常常弊多於利。我們需要一個升級版，而科學已爲我們指引了方向。這個嶄新系統包含三大元素：(1)**自主**——主導我們自己人生的欲望；(2)**專精**——對自己念茲在茲的事情精益求精的衝動；(3)**目的**——從事一個超越小我的遠大目標的渴望。

各章摘要

引言

人類天生就具備一種生理驅力，饑餓、口渴、性交皆屬之。我們也擁有另一種很久以前便已得到確認的驅力——對於環境給予的獎勵或懲罰做出回應。然而，二十世紀中期，幾位科學家發現人類還擁有第三驅力——有些人

---

*最多一百字，或發言不要超過一分鐘。

名之爲「內在激勵」。數十年來，行爲科學界對這股驅力的運作和力量，已有了深入理解與闡釋，遺憾的是，企業界的腳步並沒有跟上這個新知。如果我們希望強化企業體質、提升生活、改善世界，就必須縮小這條科學知識和企業作爲之間的鴻溝。

第一部
新的作業系統

第 1 章：激勵 2.0 的崛起與式微

　　社會和電腦一樣，都有作業系統──一套一切運作之所繫、多半隱而不顯的指令和規則。人類第一套作業系統，不妨以激勵 1.0 名之，重點完全在於求生。它的下一個版本，激勵 2.0，則是以外在的獎懲作爲建構的核心。對於二十世紀多屬規律性的工作，激勵 2.0 效果良好，但時至二十一世紀，這套作業系統已證明是捉襟見肘，在人類行爲的組織、思維和實踐上都越來越不相容。我們亟需一套升級版。

第 2 章：胡蘿蔔和棍子（經常）失效的七個原因

　　當胡蘿蔔和棍子碰到第三驅力，奇怪的事情發生了。傳統的「條件式獎酬」會讓我們得不到想要的東西──它

可能澆熄內在激勵、降低績效、扼殺創意、排擠掉良好行為，也讓我們不要的東西變多了——助長不道德行為、依賴成癮、養成短視思維。這些都是在我們當前作業系統當中作怪的蟲。

第 2A 章附篇：胡蘿蔔和棍子奏效的特殊情境

胡蘿蔔和棍子並非一無是處。對於照章行事的規律性工作，這類的獎懲可能奏效，因為這類工作並無內在激勵可言，也沒有多少創意可以扼殺。而在祭出酬賞之際，若能解釋原因，讓大家了解這份工作何以重要、承認這份工作確實單調乏味、容許員工以自己的方式達成使命，效果可能更好。至於非規律性、較重創意的職務，以酬賞誘之就比較危險，尤其是「條件式」獎酬。不過，對於這類講究創意、側重右腦思考能力的工作，「既然式」獎酬——工作完成後才拿出來的非條件式獎勵——有時候也有效果，尤其若是受到獎勵的人可從中得到關於自己表現的有用資訊。

第 3 章：I 型行為與 X 型行為

X 型行為的燃料來源，來自於外在欲望的要多過內在驅力，其關注焦點是某行為帶來的外在獎酬而非該行為所激發的內在滿足。激勵 2.0 作業系統既是依附在這種 X 型

行爲上,也助長了這種行爲。時至二十一世紀,爲使企業順暢運作,我們亟需的升級版——激勵 3.0 作業系統——則是依附在 I 型行爲上,對 I 型行爲也有促進之效。I 型行爲的關注焦點在於行爲本身的內在滿足,對於外在酬賞較不在意。要事業成功、個人生活圓滿豐足,我們必須讓自己和同僚從 X 型行爲轉移到 I 型行爲。好消息是:I 型行爲並非先天既定,而是後天造成,而且 I 型行爲可以導致更好的表現、更佳的健康和更高的整體幸福感。

第二部
三大要素

第 4 章:自主

人類的「基本設定」是自動自發、會自己導引自己。遺憾的是,我們的環境——包括已然過時了的「管理」觀念——往往聯手將我們的基本設定從 I 型行爲者改變爲 X 型。要鼓勵 I 型行爲以及它所帶來的卓越表現,第一個必備要素是自主。員工必須擁有四個面向的自主:工作內容(做什麼工作)、工作時間(什麼時候做)、團隊夥伴(與什麼人合作)和工作方式(用什麼方法做到)。容許員工自主的企業——有時候它們下藥甚猛——,績效表現都比競爭對手出色。

第 5 章：專精

　　激勵 2.0 要求被動順從，激勵 3.0 講求主動投入。唯有主動投入才可能產生專精——對某個舉足輕重的事務精益求精的渴望。要在當今的經濟體制下闖出一條路來，追求專精——第三驅力中一個重要但常是處於休眠狀態的部分——已是不可或缺的要件。專精始於「心流」——當我們面對的挑戰和能力巧妙配稱時所感受到的最優經驗。聰明的職場環境因此會在員工的日常職務中，提供不太難也不太容易的「金髮女孩式的工作」。但專精必須遵循三個別具一格的法則。專精是一種心態：你必須能夠體認到，一個人的能力絕非有限，而是永遠都有進步的空間。專精意味著痛苦：必須靠努力、堅忍和刻意練習才能竟功。最後，專精是一條漸近線：要完全體現是不可能的，而這正是它令人挫折又吸引人的特質所在。

第 6 章：目的

　　人類，天生就是目的——超越小我生命、能夠長存於天地的志業——的追尋者。然而，長久以來，傳統企業卻將它視為點綴——非常好的裝飾品，只要別妨礙到重要的事情就好。不過，部分要拜賜於年歲漸增的嬰兒潮世代風起雲湧地開始思索起自己有限的生命，事情慢慢有了轉變。在激勵 3.0 作業系統中，目的最大化已經和利潤最大

化平起平坐，成為企業共同的鵠志和導航的圭臬。而在組織內部，這個新興的「目的動機」是以三個面向顯現於外：利用獲利以達到目的的目標；強調不只追求自我利益的辭彙；容許員工以自己方式追求目的的政策。目的最大化和利潤最大化並肩同行，這股風潮有可能重新改造這個世界，讓我們的企業恢復青春活力。

《動機，單純的力量》
名詞釋義

　　新的激勵方式需要一套新的辭彙作為討論之用。以下即為《動機，單純的力量》的專用辭典。

　　基準獎勵（Baseline rewards）：代表薪酬待遇的基本面，固定薪資、契約式的報酬、福利津貼、獎金紅利皆屬之。如果哪個人的基準獎勵沒有到達標準或受到不公平待遇，他會把心思放在不公平的遭遇上，或對工作環境產生焦慮，如此，任何激勵措施都會窒礙難行。

聯邦快遞日（FedEx Days）：由澳洲軟體公司 Atlas-sian 所創，長達一整天的自主大激流。在這樣的一天當中，員工可以鑽研任何自選的題目——二十四小時之後要將成績呈現於公司其他同仁面前。為什麼取這個名字？因為你得在一夕之間交出一些成果。

金髮女孩式的工作（Goldilocks tasks）：一種不太難也不太容易、能帶給你甘甜感受的職務。要達到「心流」狀態、通往專精，這樣的工作是不可或缺的要件。

「條件式」獎酬（If-then rewards）：把獎酬當作論功行賞的基準條件，比如說，「如果你這樣做，就會得到那樣東西」。「條件式」獎酬對規律性工作有時會奏效，對於講求創意或概念性的工作卻是永遠弊多於利。

專精漸近線（Mastery asymptote）：要做到完全專精是不可能的，追求專精之所以令人挫折又深具吸引力，就是拜這份體認之賜。

激勵 1.0、2.0、3.0：三種攸關激勵的作業系統，或曰三套規範世界運作和人類行為，讓我們的法律、商業習俗和經濟活動得以運行的指令、規則和假設。激勵 1.0 的基

本信念是：人類是生理動物，努力是爲了求生。激勵 2.0 的假設是：人類除了生理驅力，也會對環境中的獎懲做出回應。激勵 3.0，我們當今亟需的升級版，則是假設人類還擁有第三驅力，促使我們去學習、去創造、去改善世界。

非規律性工作：講求創意、注重概念、偏向右腦思考、無法簡化成一套規則的工作。在今天，如果你從事的不是這類工作，那你從事目前這一行的日子也不會太久了。

「既然式」獎酬（Now that rewards）：等工作完成後才見光的獎勵方式。例如：「既然各位表現這樣特出，我們要對這項成就來點肯定。」「既然式」獎酬的運作雖然詭譎，但對於非規律性的工作不及「條件式」獎酬來得危險。

只問結果的工作環境（ROWE）：美國兩位企管顧問的智慧結晶。在這樣的工作環境裡，員工沒有行事曆，不必某段時間非待在辦公室不可——甚至任何時間都不必。他們只要把工作做好就行了。

規律性工作：可以簡化成一份腳本、一本規格手冊、一套公式或一連串指令的工作。對於規律性的工作，施以外在獎賞可能效果卓著，但由於這種照表操課、偏向左腦特性的演算式工作，越來越容易自動化或移到海外操作，這類工作在成熟進步的經濟體系中，已變得不是那麼有價值，重要性也不若往昔。

湯姆索耶效應（Sawyer Effect）：一種詭異的行為煉金術，從《湯姆歷險記》的一幕場景——湯姆跟一群朋友粉刷寶麗阿姨的圍籬——所得到的啟發。這個效應分兩個層面，負面效果為：獎賞能把玩耍變成工作，正面效果為：只要念茲在茲於專精，工作也能變成玩耍。

百分之二十時間（20 percent time）：一種行之有年的創意措施，容許員工將五分之一的工作時間自由花在任何他們有興趣的題目上。

I 型行為（Type I behavior）：一種並非建基於外在誘因，而是以內在激勵作為動力的思維及人生態度。這種行為的能量來源是人類嚮往主導自己人生、學習新知、創造新局、靠自己讓世界更上層樓的內在需求。

X 型行為（Type X behavior）：推動 X 型行為的燃料來自於外在欲望的要多過內發驅力。它側重的是某行為帶來的外在獎酬，而非該行為所激發的內在滿足。

討論指南：二十種開啓對話、引人不斷思考與談話的方式

　　這年頭，以文字首開觀念之先的或許是作家，不過蓋棺論定的不會——也不應該——是他們。那是你的責任。所以，既然你已讀完這本書，請打開部落格或進入你最喜歡的社群網站，撻伐也好，美言也罷，針對它好好討論一番。話說回來，如果你希望本書的觀念真正在生活中落實，你必須親口去討論它——或許跟職場的同事，或許跟同窗同學或讀書會的同好。藉由一席又一席的對話，世界才可能有所改變。這裡有二十個問題，可作爲你開啓對話之用。

1　關於科學所知和企業所為之間的鴻溝，本書作者提出的論證是否具有說服力？他說我們的激勵作業系統亟需升級，你同意嗎？為什麼？

2　激勵 2.0 曾否在你的求學歷程、職場經驗或家庭生活中發揮過影響力？如果你小時候就是激勵 3.0 當道，你的經驗會有什麼樣的不同嗎？

3　你認為自己比較偏傾於 I 型還是 X 型？為什麼？請想想你生活中的三個人，家人、同事或同學皆可，他們比較偏向 I 型還是 X 型？你是依據什麼得到這樣的結論？

4　胡蘿蔔和棍子有七大致命缺陷，如果你曾經目睹它的破壞力，請描述這段經歷。這段經歷可能讓你或其他人學到什麼教訓？而你是否看過胡蘿蔔和棍子奏效的例子？

5　你目前的工作是否符合你對「基準獎勵」——薪資報酬、福利津貼、獎金紅利——的需求？如果有所不足，你或你的東家可以做些什麼改變？

6　本書作者在「規律性」工作和「非規律性」工作之間劃了一條分界。你的工作職務屬於規律性質的比例有多高？屬於非規律的呢？

7　如果你是老闆，你用一個更自主的環境以及偶一為之的「既然式」獎酬取代「條件式」獎酬的可能性有多

大？

8 當你想到自己最好的工作狀態，哪一方面的自主在你心目中最爲重要？是工作內容（做什麼工作）、工作時間（什麼時候做）、工作方式（用什麼方法做事）還是團隊夥伴（跟什麼人合作）？爲什麼？而你目前工作的自主程度如何？對你來說是否足夠？

9 聯邦快遞日、百分之二十時間、只問結果的工作環境，類似這樣的創意舉措在你的組織裡可不可能行得通？爲什麼？你有沒有什麼想法，能讓你的工作環境激發更多的I型作爲？請列舉一二。

10 請描述你最近一次感受到「心流」的時刻。當時你正在做什麼？身在何處？以你目前的工作職務，是否可能激發出更多這樣的最優經驗？

11 你可曾渴望專精於什麼事情，卻以「我太老了」、「我永遠也學不會」，或「這純粹是浪費時間」當藉口，而避開了它？是什麼阻礙了你的路，讓你無法踏出嘗試的腳步？你該如何將這些路障移除掉呢？

12 如果你目前的職務讓你無法追求更具挑戰性的工作，你是否能夠將這些纏身的職務分派一些出去？而你該如何交出這些工作，一方面又不至於剝奪你同事的自主？

13 你該如何重新打造辦公室、課堂或居家——或許是實

　　體的環境，或許是做事的流程或政策規定——，好讓
　　所有的成員更加投入、更致力於專精？

14　日常工作總有規律性的事務要做，你可有什麼好辦
　　法，能在處理這些事務時啓動湯姆索耶效應的正面效
　　果？

15　《動機，單純的力量》對目的著墨甚多，包括組織的
　　目的和個人的目的。貴組織有沒有目的呢？是什麼？
　　如果你效力的是個利潤取向的組織，在各行各業在所
　　難免的競爭壓力下，這個目的算是一個切合實際的目
　　標嗎？

16　不管是你領薪水的工作職場、家庭生活或義工活動，
　　你是否正向一個目的趨近？那個目的是什麼？

17　當今的教育制度是不是過於偏向 X 型，換句話說，
　　是不是對外在獎賞過於強調了？如果是，我們該如何
　　對學校和教室進行重整？你可有什麼妙方，能在內在
　　激勵和責任感之間取得折衷？

18　如果你爲人父母，你家的環境培養出的會是 I 型或 X
　　型的小孩？何以如此？對此你可有什麼對策？

19　作者對於賺錢謀生的重要性是不是過於輕描淡寫？他
　　對激勵 3.0 的想法會不會太烏托邦，換句話說，品克
　　是不是過度樂觀了？

20　哪些事情能夠爲你帶來眞正的激勵？想想你的上禮

拜。在這一百六十八個小時當中，你花了多少時間投入這些事情？

請自擬問題：*

_____

_____

_____

＊你若希望你的問題能在本書再版時納入「討論指南」，請直接與我聯絡。我的電子信箱是：dhp@danpink.com。

繼續探索——
關於你自己和本書主題

你是 I 型還是 X 型行為者？

請上 www.danpink.com/drive.html
替自己做個全方位的免費線上評鑑

你希望定期收到人類激勵的科學新知與實務狀況嗎？

請上 www.danpink.com/drive.html
訂閱每季出刊的免費電郵通訊《驅進力時報》（*Drive Times*）

致謝

現在，容我輕觸帽沿，向不斷予我激勵的人致敬。

Riverhead Books 的傑克・莫瑞西（Jake Morrissey），其編輯才幹唯有他善於治療的才華差可比擬。他的妙手回春讓這本書品質更佳，又不至於把作者逼瘋。感謝吉夫・克勞斯柯（Geoff Kloske），他早在本書企劃之初便熱心支持；感謝 Riverhead 出版社的製作小組，他們身手不凡，耐性超群。

雷夫・沙葛林（Rafe Sagalyn）甚至在我之先便看好本書的前景，以他一貫的精妙手腕爲它大力宣揚。有他當我的文學經紀人和朋友，我非常感恩。我也要向能幹的布

莉姬‧維格納（Bridget Wagner）大聲言謝，她將《動機，單純的力量》這本書散播給全球的出版社知道。

在網際網路的縫隙中和大學圖書館積灰的書架上尋找身影隱晦的社會心理學研究，凡妮莎‧卡兒（Vanessa Carr）把這份工作做得有聲有色。再一次，羅伯‧坦‧帕斯（Rob Ten Pas）運用長才製造出令人讚嘆的圖片，為我無足可觀的文字增添了生命。感謝莎拉‧雷諾（Sarah Rainone）特別推助，讓這本書在一個炎熱陰鬱的夏季越過了終點線。請記住這三個名字。他們是三顆明星。

米哈里‧契克森米哈賴、愛德華‧戴西和李察‧萊恩很早以前就是我的偶像，撰寫這本書的樂趣之一，便是我得以登門拜訪，與他們數度長談。如果說這個世界存有正義，他們三人都應該得諾貝爾獎，而如果這個獎有些微的幽默感，他們應該被頒予經濟學獎。關於他們的作品，任何錯誤解讀都要怪我，錯不在他們。

拿筆桿的作家若是兼為人父人母，該是為自己沒能跟孩子同進晚餐而向他們說抱歉的時候了。我不必。我從來沒有誤過餐。不過，連續好幾個月，其他事情我幾乎全數跳過，這使得品克家的三個小孩——蘇菲亞、伊莉莎和索爾，這本書就是獻給他們——有一陣子被迫處於無父狀態。夥計們，抱歉了。幸好的是，你們一定已經發現，我需要你們遠勝於你們需要我。

再來就是我三個小孩的母親，潔西卡·勒納（Jessica Anne Lerner）。一如往昔，對於我說出口的每一個構想，潔西卡是我第一個、最後一個也是最誠實的傳聲筒。一如往昔，潔西卡會細讀我寫下的每個字，甚至把成千上萬的字句大聲念出來，我則瑟縮在紅色椅子上不敢去聽。因為這些小小的理由，也因為許多更大但與各位無關的理由，這位美麗又優雅的女人總讓我瞠目結舌，又敬又愛。

註釋

引言

1. Harry F. Harlow, Margaret Kuenne Harlow, and Donald R. Meyer, "Learning Motivated by a Manipulation Drive," *Journal of Experimental Psychology* 40 (1950): 231.

2. 同上，233–34。

3. Harry F. Harlow, "Motivation as a Factor in the Acquisition of New Responses," in *Current Theory and Research on Motivation* (Lincoln: University of Nebraska Press, 1953), 46.

4. 某些方面來說，哈洛終究成了該領域的一分子。他曾獲美國國家科學獎章，也擔任過美國心理學會的會長。欲深入了解哈洛精采的一生，可參閱下面兩本著作：Deborah Blum, *Love at Goon Park: Harry Harlow and the Science of Affection* (Cambridge, Mass.:

Perseus, 2002)，和 Jim Ottaviani and Dylan Meconis, *Wire Mothers: Harry Harlow and the Science of Love* (Ann Arbor, Mich.: G. T. Labs, 2007)。

5. Edward L. Deci, "Effects of Externally Mediated Rewards on Intrinsic Motivation," *Journal of Personality and Social Psychology* 18 (1971): 114.

6. Edward L. Deci, "Intrinsic Motivation, Extrinsic Reinforcement, and Inequity," *Journal of Personality and Social Psychology* 22 (1972): 119–20.

1 激勵 2.0 的崛起與式微

1. "Important Notice: MSN Encarta to Be Discontinued," Microsoft press release (March 30, 2009); Ina Fried, "Microsoft Closing the Book on Encarta," *CNET News*, March 30, 2009; "Microsoft to Shut Encarta as Free Sites Alter Market," *Wall Street Journal*, March 31, 2009. 請上 http://en.wikipedia.org/wiki/Wikipedia:About，可看到更新的維基百科內容。

2. Karim R. Lakhani and Robert G. Wolf, "Why Hackers Do What They Do: Understanding Motivation and Effort in Free/Open Source Software Projects," in *Perspectives on Free and Open Software*, edited by J. Feller, B. Fitzgerald, S. Hissam, and K. Lakhani (Cambridge, Mass.: MIT Press, 2005), 3, 12.

3. Jurgen Blitzer, Wolfram Schrettl, and Philipp J. H. Schroeder, "Intrinsic Motivation in Open Source Software Development," *Journal of Comparative Economics* 35 (2007): 17, 4.

4. "Vermont Governor Expected to Sign Bill on Charity-Business

Hybrid," *Chronicle of Philanthropy*, News Updates, April 21, 2008.

5. Muhammad Yunus, *Creating a World Without Poverty: Social Business and the Future of Capitalism* (New York: Public Affairs, 2007), 23; Aspen Institute, Fourth Sector Concept Paper (Fall 2008); "B Corporation," *MIT Sloan Management Review*, December 11, 2008, and http://www.bcorporation.net/declaration.

6. Stephanie Strom, "Businesses Try to Make Money and Save the World," *New York Times*, May 6, 2007.

7. Colin Camerer, "Behavioral Economics: Reunifying Psychology and Economics," *Proceedings of the National Academy of Sciences* 96 (September 1999): 10576.

8. Bruno S. Frey, *Not Just for the Money: An Economic Theory of Personal Motivation* (Brookfield, Vt.: Edward Elgar, 1997), 118–19, ix. See also Bruno S. Frey and Alois Stutzer, *Happiness and Economics: How the Economy and Institutions Affect Well-Being* (Princeton, N.J.: Princeton University Press, 2002).

9. Bradford C. Johnson, James M. Manyika, and Lareina A. Yee, "The Next Revolution in Interaction," *McKinsey Quarterly* 4 (2005): 25–26.

10. 細心的讀者或許記得，我在拙作《未來在等待的人才》中，對這個廣泛主題有著墨（編按：中文版由大塊文化出版）。請到附近的圖書館找找，還不錯看。

11. Teresa M. Amabile, *Creativity in Context* (Boulder, Colo.: Westview Press, 1996), 119. 艾瑪拜爾也指出，外在誘因只要用得謹慎得宜，對創造力有推助之效，關於這點我會在第二章做更多討論。

12. Telework Trendlines 2009, data collected by the Dieringer Research

Group, published by World atWork, February 2009.

2 胡蘿蔔和棍子（經常）失效的七個原因

1. Mark Twain, *The Adventures of Tom Sawyer* (New York: Oxford University Press, 1998), 23.

2. Mark Lepper, David Greene, and Robert Nisbett, "Undermining Children's Intrinsic Interest with Extrinsic Rewards: A Test of the 'Overjustification' Hypothesis," *Journal of Personality and Social Psychology* 28, no. 1 (1973): 129–37.

3. Edward L. Deci, Richard M. Ryan, and Richard Koestner, "A Meta-Analytic Review of Experiments Examining the Effects of Extrinsic Rewards on Intrinsic Motivation," *Psychological Bulletin* 125, no. 6 (1999): 659.

4. Jonmarshall Reeve, *Understanding Motivation and Emotion*, 4th ed. (Hoboken, N.J.: John Wiley & Sons, 2005), 143.

5. Dan Ariely, Uri Gneezy, George Lowenstein, and Nina Mazar, "Large Stakes and Big Mistakes," *Federal Reserve Bank of Boston Working Paper No. 05- 11*, July 23, 2005 (emphasis added). 請參閱 "What's the Value of a Big Bonus?" *New York Times*, November 20, 2008，其中有這篇文章和丹·艾瑞利其他一些研究的精簡摘要。

6. "LSE: When Performance-Related Pay Backfires," *Financial*, June 25, 2009.

7. Sam Glucksberg, "The Influence of Strength of Drive on Functional Fixedness and Perceptual Recognition," *Journal of Experimental Psychology* 63 (1962): 36–41. Glucksberg 另一篇論文也指出類似結果："Problem Solving: Response Competition Under the Influence

of Drive," *Psychological Reports* 15 (1964).

8. Teresa M. Amabile, Elise Phillips, and Mary Ann Collins, "Person and Environment in Talent Development: The Case of Creativity," in *Talent Development: Proceedings from the 1993 Henry B. and Jocelyn Wallace National Research Symposium on Talent Development*, edited by Nicholas Colangelo, Susan G. Assouline, and DeAnn L. Ambroson (Dayton: Ohio Psychology Press, 1993), 273–74.

9. Jean Kathryn Carney, "Intrinsic Motivation and Artistic Success" (unpublished dissertation, 1986, University of Chicago); J. W. Getzels and Mihaly Csikszentmihalyi, *The Creative Vision: A Longitudinal Study of Problem-Finding in Art* (New York: Wiley, 1976).

10. Teresa M. Amabile, *Creativity in Context* (Boulder, Colo.: Westview Press, 1996), 119; James C. Kaufman and Robert J. Sternberg, eds., *The International Handbook of Creativity* (Cambridge, UK: Cambridge University Press, 2006), 18.

11. Richard Titmuss, *The Gift Relationship: From Human Blood to Social Policy*, edited by Ann Oakley and John Ashton, expanded and updated edition. (New York: New Press, 1997).

12. Carl Mellström and Magnus Johannesson, "Crowding Out in Blood Donation: Was Titmuss Right?" *Journal of the European Economic Association* 6, no. 4 (June 2008): 845–63.

13. 其他研究也發現，如果慈善行為是公開為之，金錢誘因尤其會造成反效果。參看 Dan Ariely, Anat Bracha, and Stephan Meier, "Doing Good or Doing Well? Image Motivation and Monetary Incentives in Behaving Prosocially," *Federal Reserve Bank of Boston Working Paper No. 07–9*, August 2007.

14. Bruno S. Frey, *Not Just for the Money: An Economic Theory of Personal Motivation* (Brookfield, Vt.: Edward Elgar, 1997), 84.

15. Nicola Lacetera and Mario Macias, "Motivating Altruism: A Field Study," *Institute for the Study of Labor Discussion Paper No. 3770*, October 28, 2008.

16. Lisa D. Ordonez, Maurice E. Schweitzer, Adam D. Galinsky, and Max H. Braverman, "Goals Gone Wild: The Systematic Side Effects of Over-Prescribing Goal Setting," *Harvard Business School Working Paper No. 09-083*, February 2009.

17. Peter Applebome, "When Grades Are Fixed in College-Entrance Derby," *New York Times*, March 7, 2009.

18. Uri Gneezy and Aldo Rustichini, "A Fine Is a Price," *Journal of Legal Studies* 29 (January 2000).

19. Gneezy and Rustichini, "A Fine Is a Price," 3, 7.

20. Anton Suvorov, "Addiction to Rewards" 發表於二〇〇三年十月二十五日歐洲計量經濟學會冬季年會。Mimeo (2003) 的資料可見於 http://www.cemfi.es/research/conferences/ewm/Anton/addict_new6.pdf。

21. Brian Knutson, Charles M. Adams, Grace W. Fong, and Daniel Hommer, "Anticipation of Increasing Monetary Reward Selectively Recruits Nucleus Accumbens," *Journal of Neuroscience* 21 (2001).

22. Camelia M. Kuhnen and Brian Knutson, "The Neural Basis of Financial Risk Taking," *Neuron* 47 (September 2005): 768.

23. Mei Cheng, K. R. Subramanyam, and Yuan Zhang, "Earnings Guidance and Managerial Myopia," *SSRN Working Paper No. 854515*, November 2005.

24. Lisa D. Ordonez, Maurice E. Schweitzer, Adam D. Galinsky, and Max H. Braverman, "Goals Gone Wild: The Systematic Side Effects of Over-Prescribing Goal Setting," *Harvard Business School Working Paper No. 09-083*, February 2009.

25. Roland Bénabou and Jean Tirole, "Intrinsic and Extrinsic Motiva-tion," *Review of Economic Studies* 70 (2003).

2A 附篇：胡蘿蔔和棍子奏效的特殊情境

1. Edward L. Deci, Richard Koestner, and Richard M. Ryan, "Extrinsic Rewards and Intrinsic Motivation in Education: Reconsidered Once Again," *Review of Educational Research* 71, no. 1 (Spring 2001): 14.

2. Dan Ariely, "What's the Value of a Big Bonus?" *New York Times*, November 20, 2008.

3. Teresa M. Amabile, *Creativity in Context* (Boulder, Colo.: Westview Press, 1996), 175.

4. Deci, Ryan, and Koestner, "Extrinsic Rewards and Intrinsic Motiva-tion in Education."

5. Amabile, *Creativity in Context*, 117.

6. Deci, Ryan, and Koestner, "Extrinsic Rewards and Intrinsic Motiva-tion in Education."

7. Amabile, *Creativity in Context*, 119.

3 I 型行為與 X 型行為

1. Richard M. Ryan and Edward L. Deci, " Self-Determination Theory and the Facilitation of Intrinsic Motivation, Social Development, and Well-Being," *American Psychologist* 55 (January 2000): 68.

2. Meyer Friedman and Ray H. Rosenman, *Type A Behavior and Your Heart* (New York: Alfred A. Knopf, 1974), 4.

3. 同上，70。

4. Douglas McGregor, *The Human Side of Enterprise: 25th Anniversary Printing* (New York: McGraw-Hill, 1985), 33–34.

5. Ryan and Deci, " Self-Determination Theory and the Facilitation of Intrinsic Motivation, Social Development, and Well-Being."

4 自主

1. Edward L. Deci and Richard M. Ryan, "Facilitating Optimal Motivation and Psychological Well-Being Across Life's Domains," *Canadian Psychology* 49, no. 1 (February 2008): 14.

2. Valery Chirkov, Richard M. Ryan, Youngmee Kim, and Ulas Kaplan, "Differentiating Autonomy from Individualism and Independence: A Self-Determination Theory Perspective on Internalization of Cultural Orientations and Well-Being," *Journal of Personality and Social Psychology* 84 (January 2003); Joe Devine, Laura Camfield, and Ian Gough, "Autonomy or Dependence—or Both?: Perspectives from Bangladesh," *Journal of Happiness Studies* 9, no. 1 (January 2008).

3. Deci and Ryan, "Facilitating Optimal Motivation and Psychological Well-Being Across Life's Domains," citing many other studies.

4. Paul P. Baard, Edward L. Deci, and Richard M. Ryan, "Intrinsic Need Satisfaction: A Motivational Basis of Performance and Well-Being in Two Work Settings," *Journal of Applied Social Psychology* 34 (2004).

5. Francis Green, *Demanding Work: The Paradox of Job Quality in the Affluent Economy* (Princeton, N.J.: Princeton University Press, 2006).

6. "Atlassian's 20% Time Experiment," Atlassian Developer Blog, post by Mike Cannon-Brookes, March 10, 2008.

7. 引自 *Harvard Business Essentials: Managing Creativity and Innovation* (Boston: Harvard Business School Press, 2003), 109。

8. 這番話出自 3M 前總裁 Bill Coyne 之口，Ben Casnocha 引述，文見 "Success on the Side," *The American: The Journal of the American Enterprise Institute*, April 2009。關於 3M 的管理舉措，《基業長青》一書有很好的描述：James C. Collins and Jerry L. Porras, *Built to Last: Successful Habits of Visionary Companies* (New York: HarperBusiness, 2004)。

9. Erin Hayes, "Google's 20 Percent Factor," *ABC News*, May 12, 2008.

10. V. Dion Hayes, "What Nurses Want," *Washington Post*, September 13, 2008.

11. Martin Seligman, *Authentic Happiness: Using the New Positive Psychology to Realize Your Potential for Lasting Fulfillment* (New York: Free Press, 2004), 178; Paul R. Verkuil, Martin Seligman, and Terry Kang, "Countering Lawyer Unhappiness: Pessimism, Decision Latitude and the Zero-Sum Dilemma at Cardozo Law School," Public Research Paper No. 19, September 2000.

12. Kennon M. Sheldon and Lawrence S. Krieger, "Understanding the Negative Effects of Legal Education on Law Students: A Longitudinal Test of Self-Determination Theory," *Personality and Social Psychology Bulletin* 33 (June 2007).

13. William H. Rehnquist, *The Legal Profession Today*, 62 Ind. L.J. 151, 153 (1987).

14. Jonathan D. Glater, "Economy Pinches the Billable Hour at Law

Firms," *New York Times*, January 19, 2009.

15. Cali Ressler and Jody Thompson, *Why Work Sucks and How to Fix It* (New York: Portfolio, 2008).

16. Tamara J. Erickson, "Task, Not Time: Profile of a Gen Y Job," *Harvard Business Review* (February 2008): 19.

17. Diane Brady and Jena McGregor, "Customer Service Champs," *BusinessWeek*, March 2, 2009.

18. Martha Frase-Blunt, "Call Centers Come Home," *HR Magazine* 52 (January 2007): 84; Ann Bednarz, "Call Centers Are Heading for Home," *Network World*, January 30, 2006.

19. Paul Restuccia, "What Will Jobs of the Future Be? Creativity, Self-Direction Valued," *Boston Herald*, February 12, 2007. Gary Hamel, *The Future of Management* (Boston: Harvard Business School Press, 2007).

20. Bharat Mediratta, as told to Julie Bick, "The Google Way: Give Engineers Room," *New York Times*, October 21, 2007.

21. See, for example, S. Parker, T. Wall, and P. Hackson, "That's Not My Job: Developing Flexible Employee Work Orientations," *Academy of Management Journal* 40 (1997): 899–929.

22. Marylene Gagné and Edward L. Deci, "Self-Determination Theory and Work Motivation," *Journal of Organizational Behavior* 26 (2005): 331–62.

5　專精

1. Jack Zenger, Joe Folkman, and Scott Edinger, "How Extraordinary Leaders Double Profits," *Chief Learning Officer*, July 2009.

2. Rik Kirkland, ed., *What Matters? Ten Questions That Will Shape Our Future* (McKinsey Management Institute, 2009), 80.

3. Mihalyi Csikszentmihalyi, *Beyond Boredom and Anxiety: Experiencing Flow in Work and Play*, 25th anniversary edition (San Francisco: Jossey-Bass, 2000), xix.

4. Ann March, "The Art of Work," *Fast Company*, August 2005.

5. 這番敘述出於我與契克森米哈賴的訪談（二〇〇九年三月三日），亦可見於 "The Art of Work," March。

6. Henry Sauerman and Wesley Cohen, "What Makes Them Tick? Employee Motives and Firm Innovation," *NBER Working Paper No. 14443*, October 2008.

7. Amy Wrzesniewski and Jane E. Dutton, "Crafting a Job: Revisioning Employees as Active Crafters of Their Work," *Academy of Management Review* 26 (2001): 181.

8. Carol S. Dweck, *Self- Theories: Their Role in Motivation, Personality, and Development* (Philadelphia: Psychology Press, 1999), 17.

9. 同上。

10. Angela L. Duckworth, Christopher Peterson, Michael D. Matthews, and Dennis R. Kelly, "Grit: Perseverance and Passion for Long-Term Goals," *Journal of Personality and Social Psychology* 92 (January 2007): 1087.

11. K. Anders Ericsson, Ralf T. Krampe, and Clemens Tesch Romer, "The Role of Deliberate Practice in the Acquisition of Expert Performance," *Psychological Review* 100 (December 1992): 363.

12. 關於本研究，有兩本極好的科普書可供參考：Geoff Colvin, *Talented Is Overrated: What Really Separates World-Class Performers*

from Everybody Else (New York: Portfolio, 2008)，以及 Malcolm Gladwell, *Outliers: The Story of Success* (New York: Little, Brown, 2008)。兩書於 I 型工具箱裡皆有推薦。

13. Daniel F. Chambliss, "The Mundanity of Excellence: An Ethnographic Report on Stratification and Olympic Swimmers," *Sociological Theory* 7 (1989).

14. Duckworth et al., "Grit."

15. Dweck, *Self-Theories*, 41.

16. Clyde Haberman, "David Halberstam, 73, Reporter and Author, Dies," *New York Times*, April 24, 2007.

17. 這段話的出處是 David Galenson, *Painting Outside the Lines: Patterns of Creativity in Modern Art* (Cambridge, Mass.: Harvard University Press, 2001), 53。亦可見於 Daniel H. Pink, "What Kind of Genius Are You?" *Wired* 14.07 (July 2006)。

18. 契克森米哈賴於著作《厭倦與焦慮之外》第十和十一章對這項研究有詳細說明。所有的引言即是出自該書。見 Csikszentmihalyi 的 *Beyond Boredom and Anxiety*。

19. Csikszentmihalyi, *Beyond Boredom and Anxiety*, 190.

6 目的

1. United Nations Statistics Division, *Gender Info 2007*, Table 3a (2007). Available at http://www.devinfo.info/genderinfo/.

2. "Oldest Boomers Turn 60," U.S. Census Bureau Facts for Features, No. CB06-FFSE.01-2, January 3, 2006.

3. Gary Hamel, "Moon Shots for Management," *Harvard Business Review*, February 2009): p. 91.

4. Sylvia Hewlett, "The 'Me' Generation Gives Way to the 'We' Gener-ation," *Financial Times*, June 19, 2009.

5. Marjorie Kelly, "Not Just for Profit," *strategy+business* 54 (Spring 2009): 5.

6. Kelly Holland, "Is It Time to Re-Train B-Schools?" *New York Times*, March 14, 2009; Katharine Mangan, "Survey Finds Widespread Cheating in M.B.A. Programs," *Chronicle of Higher Education*, Sep-tember 19, 2006.

7. See the MBA Oath website, http://mbaoath.org/about/history.

8. Hamel, "Moon Shots for Management," p. 93.

9. 秉持充分揭露原則，在此敬告讀者，一九九〇年代初期，本人曾於羅伯特・賴克麾下效力數年。在下面這篇文章中，賴克簡要敘述了自己的想法：Robert B. Reich, "The 'Pronoun Test' for Suc-cess," *Washington Post*, July 28, 1993.

10. "Evaluating Your Business Ethics: A Harvard Professor Explains Why Good People Do Unethical Things," *Gallup Management Journal* (June 12, 2008). Available at http://gmj.gallup.com/content/107527/evaluating-your-business-ethics.aspx.

11. Elizabeth W. Dunn, Lara B. Ankin, and Michael I. Norton, "Spending Money on Others Promotes Happiness," *Science* 21 (March 2008).

12. Drake Bennett, "Happiness: A Buyer's Guide," *Boston Globe*, August 23, 2009.

13. Tait Shanafelt et al., "Career Fit and Burnout Among Academic Fac-ulty," *Archives of Internal Medicine* 169, no. 10 (May 2009): 990–95.

14. Christopher P. Niemiec, Richard M. Ryan, and Edward L. Deci, "The Path Taken: Consequences of Attaining Intrinsic and Extrinsic Aspira-

tions," *Journal of Research in Personality* 43 (2009): 291–306.

15. 同上。

丹尼爾‧品克　Daniel H. Pink

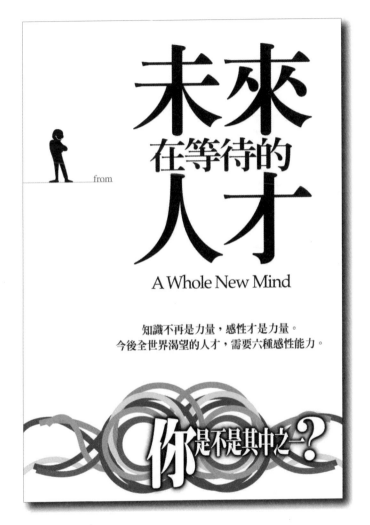

未來在等待的人才

from

A Whole New Mind

知識不再是力量，感性才是力量。
今後全世界渴望的人才，需要六種感性能力。

你是不是其中之一？

2006年8月出版　定價 250 元

在高感性時代，我們必須在左向推理之外，補強六種關鍵右向能力。這六項高感性和高體會能力可以協助我們開發新時代不可或缺的全腦新思維。

一、不只有功能，還重設計。光是提供堪用的產品、服務、體驗或生活型態，已經不夠了。如今無論為賺錢或為成就感，都必須創作出好看、獨特，或令人感動的東西。

二、不只有論點，還說故事。現代人面對過量資訊，一昧據理力爭是不夠的。總有人會找到相反例證來反駁你的說法。想要說服別人、灌輸資訊，甚至說服自己，都必須具備編織故事的能力。

三、不只談專業，還須整合。工業時代和資訊時代需要專業和專才，但隨著白領工作或被外包出去，或被軟體取代，與專業相反的才能也開始受到重視：也就是化零為整的整合能力。今日社會最需要的不是分析而是綜合──綜觀大趨勢、跨越藩籬、結合獨立元素成為新好產品的能力。

四、不只講邏輯，還給關懷。邏輯思考是人類專屬能力之一。不過在一個資訊爆炸、分析工具日新月異的世界裡，光靠邏輯是不行的。想在未來繼續生存，必須了解他人的喜好需求、建立關係，並展現同理心。

五、不只能正經，還會玩樂。太多證據顯示多笑、保持愉悅心情、玩遊戲和幽默感，對健康與工作都有極大好處。當然該嚴肅的時候要嚴肅，不過太過正經對事業不見得有益，對健康更有害。在感性時代，無論工作還是居家，都需要玩樂。

六、不只顧賺錢，還重意義。我們生活在一個物質極為充裕的世界。無數人因此掙脫了營生桎梏，得以追求更深層的渴望：生命目的、出世意義，以及性靈滿足。

國家圖書館出版品預行編目資料

動機，單純的力量／Daniel H. Pink 著；席玉蘋
譯.-- 初版.-- 臺北市：大塊文化，2010.08
面；　公分.-- (from ; 66)
譯自：Drive : The Surprising Truth About
What Motivates Us
ISBN　978-957-0316-44-5 (平裝)

1.動機

176.85　　　　　　　　　99012629

LOCUS